Werner Schlierf *»Kiesgruben-Krattler«*

Wir von der »Giesinger Mauer-Blase«
1953

Werner Schlierf

»Kiesgruben-Krattler« Geschichten aus einer schadhaften Zeit

Buchendorfer Verlag
München

4. veränderte Auflage 2004
Frühere Auflagen erschienen unter dem Titel
»Geschichten aus einer schadhaften Zeit«
im Lorgnon-Verlag, Kirchheim
Satz und Typographie: Biographische Buchwerkstatt München
Umschlag: Susanne Elten, München
Druck und Bindung: Jos. C. Huber, Garching
Printed in Germany
ISBN 3-937090-03-7

Vorwort
von Ludwig Schmid-Wildy

Als mir Werner Schlierf sagte, dass er ein Lausbubenbuch geschrieben hat, erinnerte ich ihn an Ludwig Thomas Lausbubengeschichten, die wohl schwerlich übertroffen werden könnten. Doch der Autor, mit dem mich viele Jahre Freundschaft verbinden, bat mich, einige Geschichten zu lesen. Ich las sie alle! Und war tief beeindruckt von dieser Schilderung einer »schadhaften Zeit« wie sie Werner Schlierf selbst betitelte.

Der Autor schildert seine Erlebnisse in der Kriegs- und Nachkriegszeit, wie er sie als Giesinger Gassenbub erlebt hatte. Und das ist nicht mehr so amüsant und beschaulich, wie zu Ludwig Thomas Zeiten, sondern bisweilen von erdrückender Realität. Die Vergangenheit steht wieder greifbar vor uns.

Lebensmittelkarten, der »schwarze Markt«, die Währungsreform und das »Off limit« der amerikanischen Besatzungszeit drängen sich in unsere Gedanken zurück. Wir durchleben gleichsam mit dem Autor noch einmal das Bombardement während des Kriegs und die Hungerzeit danach.

Von Freundschaft wird erzählt, die noch eine andere Bedeutung hatte, als sie ihr in der heutigen Zeit zukommt.

Das Leben der einstigen »Kiesgruben-Krattler«, wie man die hungernden Menschen nach dem Kriege nannte, taucht vor unserem geistigen Auge auf.

»Halbstark« war diese schadhafte Zeit, und »Halbstarke« nannte man auch damals die Vierzehn- bis Achtzehnjährigen.

Dieses Buch ist für diejenigen gedacht, die sich noch gelegentlich an diese Zeit zurück erinnern und für alle, die diese Zeit kennenlernen möchten.

Untergiesing

Die persönliche Erinnerung ist meine subjektive Wahrheit. Ich erkläre deshalb vorsorglich, dass jede Ähnlichkeit mit lebenden Personen und die Ortsangaben frei erfunden und rein zufällig sind. Jeder Autor wird Realität mit Fantasie verbinden.

Notlandung im Stadtgebiet

Alle Fotos stammen von meinem Vater. Ich erinnere mich noch gut an das Gespräch, in dem er von der »Stuka-Notlandung« auf einer großen Wiese zwischen Giesing und Harlaching erzählte.
Man kann sich die Verwüstung vieler deutschen Städte heute nicht mehr vorstellen. Die Fotos meines Vaters beweisen das. Diese Szenerie ist die Kulisse meiner Jugend und liefert den Hintergrund der Ereignisse, von denen ich in diesem Buch berichte.

Obergiesing

Untergiesing

Erster Mai 1945. Dichtes Schneetreiben verhängt die Frasdorfer Berge, dort, wo wir das letzte halbe Jahr evakuiert waren. Unseren Block in Giesing, in dem wir wohnten, hatte eine Luftmine halbiert. Angst vor durchziehenden SS-Leuten, die, nach schauerlichen Meldungen von Bauern, Scheußlichkeiten verübend übers Land zogen, saß uns im Nacken.

Zwei Radiosendungen hörten wir: den verbotenen Ausländer, der zur Kapitulation aufforderte, und den Gauleitersender, der unter Todesandrohung zum Gegenteil gemahnte.

Ich war damals noch ein Schulbub.

Der Bauernhof, auf dem wir lebten, stand auf einer Anhöhe, und wir sahen die Autobahn wie einen Verbandstreifen zu unseren Füßen liegen. Er war leer und schneeweiß.

Eine Fahne aus weißem Linnen lag aufgerollt auf der Altane.

Die Frauen sahen erwartend auf die Autobahn hinunter, um endlich den ersten Amerikanern die »weiße Kapitulation« als Begrüßung zeigen zu können. Den Männern gaukelte der auf schwarze Uniform genähte Totenkopf vor Augen.

Und endlich war es dann soweit.

Gefährlich und tosend rollte schwerfällig der erste amerikanische Panzer, wie ein Saurier, über die Autobahn.

Das war der erste, den ich sah! Tank auf Tank folgte nun, und Lastwagen auf Lastwagen.

Fast alles war auf den Beinen und stürmte zur Autobahn hinunter. Es war nun plötzlich nur noch nackte Neugierde. Keine Angst mehr, nichts. Auch ich war dabei.

Zwei Meter von mir entfernt donnerten die Fahrzeuge vorü-

ber. Ich kannte die »schwarzen Männer« nur von den Bilderbüchern her und sah sie zum ersten Male leibhaftig vor mir. Ich wusste noch nicht, dass man diese schwarzen Soldaten in ihrer eigenen Heimat mit »Nigger« beschimpfen würde.
Der Schnee wirbelte in großen, weißen Flocken vom Himmel herab und es sah lustig aus, wenn ein kaffeebrauner Amerikaner, auf einen Panzer gekauert, den großen Flocken frierend nachsah.
Und nun geschah das, was mir bis heute in meinem Gedächtnis eingebrannt blieb. Ein Jeep scherte aus der Kolonne aus und parkte in einiger Entfernung vor einem zu Tode erschrockenen kleinen Jungen.
Und dieser Junge war ich.
Ein schwarzer Soldat mit großen, melancholischen Augen stieg aus und vertrat sich die Beine. Er sah mich stehen, musterte mich und lächelte dann. Nur einen winzigen Moment war er unschlüssig. Dann ging er zum Jeep zurück und kramte etwas aus dem Inneren hervor.
Ein Paket war es, und er kam zu mir. Braune, warme Hände streichelten meine Wange und nichts brannte mich, wie man mir immer gesagt hatte. Auch blieb keine schwarze Farbe auf meiner weißen Bubenhaut zurück. Nur ein unbändig gutes, glückliches Gefühl.
»Hast du Hunger?« fragte er mich auf Deutsch. Ich brauchte nicht zu antworten, er sah es auch so.
Seine guten Hände öffneten das Paket und ich sah die Schokolade. Echte Schokolade! Ebenfalls braun und fast so gut wie »er«. Erst fünf Minuten kannten wir uns, doch er war schon mein Freund. Er streichelte mir über meinen blonden Bubenkopf. Und ich weiß heute, dass es ihm genauso gut tat, wie es mir gut getan hatte.
Vielleicht hatte auch er so einen kleinen Jungen zu Hause?

Genauso einen kleinen Lausebengel wie ich einer war? Nur braun musste er vermutlich sein, mit großen Augen, lange nicht mehr gesehen und einige tausend Kilometer entfernt von ihm. Hoffentlich war zu diesem kleinen Kerl auch jemand so gut, wie er es zu mir war.

Er gab mir noch viel braune, gute Schokolade, und erst als meine Großmutter mit roten Augen neben mir stand, ging ich widerwillig von ihm fort. Er gab mit die Hand, die immer noch warm war, und er sagte »Leb wohl« auf Deutsch, und meiner Großmutter gab er das restliche Paket.

Seit diesem Tag, dem 1. Mai 1945, erinnert mich ein kaffeebraunes Gesicht mit schwarzem, gekräuseltem Haar und großen Augen immer an warme, gute Hände, die mich an einem kalten, denkwürdigen Tag zärtlich streichelten. Und diese Hände gehörten einem wildfremden Menschen, der von der Sonne seiner Urheimat dunkel gebräunt war.

Doch damals dachte ich als Junge schon, und denke heute noch genauso darüber, dass die Schläge seines Herzens den meinen sehr ähnlich waren.

Ecke Untersberg-, Perlacher Straße
(im rechten Block wohnten wir)

Er ging die Perlacher Straße hinunter. Groß und schlank, mit blauen Augen, die vom fernen Texas loderten.
Die Brusttaschen seines hellbraunen Uniformhemdes waren gewölbt, ausgebuchtet, nach vorne vier Zentimeter vorgestreckt, pallmallverdächtig, luckystrikeschwanger, camelbuckelig, zimtkaugummischwer.
Er ging stolz und aufrecht, mit der selbstverständlichen Lässigkeit des Siegers.
Seine braunen Lederstiefel glänzten in der Augustsonne, die das Pflaster für Barfüßige wamslerherdplattenheiß machte.
Ich war neun Jahre alt, und der Krieg, der ein tausendjähriges Reich nach sechs Jahren Tod und Inferno zum Erliegen brachte, seit drei Monaten zu Ende.
Noch immer legte ich meine Kleidungsstücke so auf den Küchenstuhl, dass ich bei Voralarm rasch in sie fahren konnte. Es war nicht so einfach, die mühsam erlernte Technik des Bombenkelleraufsuchens über Nacht wieder abzulegen. Zu oft in den letzten Jahren wurde die Nacht zum Tag, wenn die »Christbäume« am Himmel tanzten und die Luftminen dazu heulten.
Wir schliefen nach solchen Bombennächten am nächsten Tag immer regelmäßig in der Schule über unseren Aufsätzen ein. Und die Lehrer hatten nichts dagegen. Sie schliefen mit.
An diesem Augustnachmittag erspähte ich den Ami als Erster. Es war ein ungeschriebenes Gesetz unter den Giesinger Gassenbuben, dass sich jeder seinen eigenen Ami suchen musste. Ich fand den meinen auf dem heißen Pflaster der Perlacher

Straße. Wie ein hungriger Wolf heftete ich mich an seine Fersen, die in poliertem Boxcalf steckten. Natürlich hatte mich der Befreier längst bemerkt. Er ging langsamer.
Wie zu erwarten war, zündete er sich eine Lucky Strike, Camel, Old Gold oder Pall Mall an; jedenfalls setzte er eine echte Ami-Zigarette zwischen seinen Lippen in Betrieb. Er schaute dabei auf mich.
Genüsslich inhalierte er einige Kubikzentimeter besten Virginia-Tabak, betrachtete die zu einem knappen Drittel gerauchte Zigarette und ließ sie dann vor sich auf den Boden fallen. Erneut schaute er auf mich, aus seinen blauen Sieger-Augen. Auffordernd, wie es mir schien.
Ich dachte an meinen Großvater, der mit seiner »Giesinger Ernte 45« die Fliegen in unserer Wohnküche ausmerzte, und bückte mich, um das glimmende Stäbchen aufzuheben. Kurz vor meinen zupackenden Händen zertrat es der Ami mit hämischem Grinsen, das nicht zu seinen blauen Sieger-Augen passte. Dann drehte er sich um und schlenderte davon, wobei er Glenn Millers Moonlight-Serenade pfiff.
Meine verkniffenen Augen, aus denen sich trotzige Tränen quälten, sah er dabei nicht. Als er um die nächste Hausecke bog, kratzte ich mit den Fingernägeln die Tabakkrümel zusammen, um sie meinem Großvater zu bringen.
Ich fand, dass Karl May mit seinen Wildwesthelden nicht immer Recht hatte.

Wir waren zu dritt. Der Lang Hansä, der Löb Richä und ich. Seit 1939, als die Wohnblöcke, die von der Heimbau Bayern errichtet wurden, bezugsfertig waren, kannten wir uns. Ecke Perlacher und Untersbergstraße wurden sie erbaut. Nach dem Krieg fanden wir uns wieder zusammen. Die Wohnblöcke waren größtenteils Ruinen, die zu behelfsmäßigen Wohnungen ausgebaut wurden. Mit Glasersatz für die Fenster, Stützbalken, Lattenverschlägen und Ofenrohren, die rußig aus den Behelfsfenstern starrten. Die Evakuierten kamen nach München zurück. Die Wohnungsnot wurde zur Primärsituation. So wie der Hunger, der in allen Ecken hockte und böse mit den Zähnen fletschte. Wir drei hatten ständig Hunger und dezimierten die Heimgärten, so gut es uns möglich war. Der Krieg hatte uns zu Rohkostlern gemacht. Mohrrüben, Kohlrabi und Tomaten verzehrten wir frisch gepflückt auf der Stelle. Wir nahmen uns nicht einmal die Zeit, die Erde von den Mohrrüben abzuwaschen. Heißhungrig schlangen wir das gemopste Gut hinunter. Die Mägen der Arbeiterkinder verdauten erstaunlich gut und ohne Komplikationen. Das hatten wir den anderen voraus – und auch die Gabe und den siebten Sinn, etwaige Gefahr beim Stehlen sofort zu wittern.
Der Lang Hansä war ein Jahr älter als ich und der kräftigste von uns dreien. Er bediente seine Steinschleuder mindestens ebenso gut wie Wyatt Earp seine Pistolen bei der Schlacht am OK-Corral.
Wenn wir Zeit zum Träumen hatten, dann träumten wir von gebratenen Hähnchen, die es in dem großen Land Amerika

schon um einen Dollar an jeder Straßenecke zu kaufen gab. Wir hielten dies allerdings für ein Gerücht.
Der Hansä sagte uns, dass ihm sein Vater einmal erzählt hatte, dass Blut ein ausgezeichneter Fleischersatz sei und obendrein äußerst wohlschmeckend. Nun träumten wir nicht mehr von gebratenen Hähnchen, sondern von Blut. Die alten Wikinger sollen auch Blut von jungen Stieren getrunken und Bärenkräfte davon bekommen haben. Junge Stiere gab es in ganz Deutschland nicht. Aber eine Unmenge Spatzen machten den Giesinger Heimgärtnern zu schaffen. Darauf spekulierte unser Hansä. Er bot sich an, die Spatzen mit seiner Steinschleuder zu bejagen, für ein geringes Entgelt in Form von Rohkosterzeugnissen. Gleichzeitig meinte er, dass wir das Blut der Spatzen »trinken« könnten und wie die Wikinger zu ungeheuren Kräften kommen mussten. Als der erste tote Spatz vor uns am Boden lag, wollte von uns keiner der Erste sein, der sein Blut kosten mochte. Hansä, unser Spatzenjäger, gab sich einen Ruck, träufelte einige Tropfen Blut auf eine Tomate und aß diese dann todesmutig in sich hinein. Richä und ich hatten ungeheuren Respekt vor dieser Tat.
Wir sahen förmlich, wie der Hansä die Ausmaße eines Wikingers annahm. Von nun an reicherten wir unsere Rohkostnahrung mit den Blutstropfen der erlegten Spatzen an. Auf einer Tomate sah es gar nicht nach Blut aus. Wir hatten Hunger, das war alles. Und der Hansä war unser Freund. Wir wollten nicht vor ihm zurückstehen. Spatzen gab es ja genügend. Nur Stiere nicht.

Wenn es nach dem Krieg so gut wie nichts gab, Ratten gab es in Giesing in Hülle und Fülle.
Sie wurden rund und fett, und wir sahen in ihnen ein Art von Konkurrenten, mit denen wir uns verbissen um die Abfälle der Kiesgrube stritten, die allmählich von den Amis zu einer Müllgrube umfunktioniert wurde.
Sie kippten täglich mehrmals Amilaster voller Besatzungsrückstände in sie hinein, und die Kiesgruben-Krattler, wie damals die hungernden Giesinger genannt wurden, durchwühlten die stinkenden Hänge nach noch genießbaren Lebensmittelresten. Natürlich waren auch wir dort stark vertreten.
Nachdem man aus einer Ratte in der bayerischen Sprache einen »Ratz« macht, waren die jungen Ratten natürlich »Raatzl«.
Die Kiesgrube war angefüllt mit Tausenden von Raatzln, die rasch gediehen und zu Ratten wurden. Wir jagten sie mit Steinschleuder und Pfeil und Bogen, die wir aus alten Regenschirmstangen fertigten. Die Kiesgruben-Krattler dankten es uns in Form von Erdnussbutterresten, die sie ihrem geliebten Hang entrissen.
Doch es gab außer uns noch andere Jäger. Das waren die Katzen. Und die Jungen davon nannten wir »Kaatzl«.
Diese Katzen sahen gleich uns zerzaust und verlottert aus. Ganz hässliche davon nannten wir in unserem Randsteindialekt »Raatzlkaatzl«. Was übersetzt so viel wie Rattenkatzen bedeutet.
Nun gab es aber in unserer ABC-Schützen-Zeit noch eine Züchtigungsart in der Schule, die man sich heute nicht mehr

vorstellen kann. »Tatzen« hieß diese pädagogische Ehrung, die man mit einem so genannten »Spanischen Rohr« auf die Handflächen bezog.
Wer am meisten Tatzen ohne Tränenausbruch ertragen konnte, war ein schneidiger Kerl zu jener Zeit.
Wir Vorstadtbuben waren hart im Nehmen und prägten den Ausdruck »Daatzl«, der eine Verniedlichung dieser barbarischen Strafe bedeutete.
Diese drei Dinge, Ratten, Katzen und Tatzen, füllten unser tägliches Leben aus.
Ich glaube, dass es der Lang Hansä war, der nach einer Überdosis Tatzen mit zusammengepressten Zähnen den Ausdruck »Scheiß Raatzlkaatzldaatzl« prägte. Damit tat er kund, dass er weit mehr Tatzen verkraften könne, als sie ihm der blindwütige Psychopath von Lehrer zugedacht hatte.
Seine beiden Hände waren um das Doppelte angeschwollen und er konnte mindestens eine Woche lang seine Steinschleuder nur mangelhaft bedienen. Das ließ unsere an Spatzenblut gewöhnten Körper rasch wieder zusammenfallen. Ganz zu schweigen davon, dass die Erdnussrationen der Kiesgruben-Krattler weit geringer ausfielen, da er als Rattenjäger nicht mehr voll im Einsatz war.
Dafür hatte er einen Ausdruck geprägt, den wir jedem Satz anhingen, der als Beleidigungsform nicht mehr gesteigert werden konnte. »Dene Scheiß-Raatzlkaatzldaatzl-Ami zoagn mas scho no amoi, wenn ma größer wordn san!«
Und wir zeigten es ihnen, als wir als Halbstarke in unser unfertiges Leben taumelten.

Ich hatte es gut in meiner Kindheit, da meine Eltern die perverse Züchtigungsart ablehnten.
Ich lag also nie mit entblößtem Hintern auf der Kloschüssel oder auf den Knien meines Vaters und musste mir dessen Riemen auf meinem nackten Arsch gefallen lassen. Wie viele meiner Freunde. Ich danke es heute meinem Vater mit einem heißen und innigen Angedenken. Er war mir immer ein Freund gewesen, selbst in jener Zeit, als ich mit dem Kopf gerade über den Tisch blicken konnte.
Hatte er einmal Grund dazu, mir den Unterschied zwischen Gut und Böse zu erklären, dann tat er dies auf seine Art.
Er verabreichte mir einige Ohrfeigen und ich hatte begriffen. Ich fand diese Art der »Erklärung« weitaus männlicher und nicht so demütigend. Einige Lehrer meiner damaligen Barfußzeit hatten nicht annähernd die pädagogischen Fähigkeiten meines Vaters. Sie machten sich einen sadistischen Spaß daraus, mir meine Fingerknöchel mit dem Lineal zu gerben. Oder mir meine Schläfenhaare mitsamt der Wurzel auszureißen.
Sie schreckten auch davor nicht zurück, mich auf die erste Bank zu legen und mir unter dem Gekicher meiner Klassenkameraden mit dem »Spanischen Rohr« den Hintern zu versohlen. Ich schwor ihnen bei dieser entwürdigenden Prozedur jedes Mal Rache und führte diese auch meistens durch.
Natürlich richtete ich es so ein, dass die stärksten Lacher unter meinen Klassengefährten als Urheber in Verdacht gerieten. Meine Rache traf also beide: die Exekutive in Form

meines Lehrers und die Zuschauer, die den meisten Spaß daran hatten, wenn ich bestraft wurde. Ich sehe heute noch ihre Ärsche auf der ersten Bank zucken, wenn sie mit dem »Spanischen Rohr« Bekanntschaft machen mussten. Ihr Winseln berührte mich nicht.

Doch auch eine andere Form der Rache gewöhnte ich mir im Laufe der Zeit an: die stille Rache!

Einer der schlagkräftigsten Lehrer, der täglich aus dem Mund roch und dessen Krawatte nie sauber war, hatte die Eigenart, in der Pause einen Schüler dazu zu bestimmen, ihm beim Metzger um die Ecke hundert Gramm Hirnwurst zu besorgen. Er hatte sie gewiss nötig, und ich fand damals schon, dass seine Vorfahren ausschließlich aus Holzfällern bestanden haben mussten, und er sicherlich nur aus Zufall in das pädagogische Fach hineingeschlittert war. Nun, wenn ich das Glück hatte an die Reihe zu kommen, konnte ich nur mühsam mein Entzücken verbergen. Kaum hatte ich die hundert Gramm Hirnwurst beim Metzger erstanden, sauste ich im Laufschritt auf den Lokus und pinkelte mit einem heißen Strahl über die kalte Hirnwurst. Ich ließ sie abtropfen, wickelte sie wieder sorgfältig ein und brachte sie mitsamt einer nassen Essiggurke dem verhassten Schuft von einem Lehrer. Er würgte sie schmatzend hinunter.

Vielleicht roch er deshalb immer aus dem Mund?

Das war meine stille Rache. Niemand erfuhr davon. Nicht einmal mein Vater.

Mein Spielzeug erschöpfte sich in einer selbst gebauten Steinschleuder mit Haselnussgabel und einigen Bombensplittern aus dem Zweiten Weltkrieg, der seit vier Monaten zu Ende war.

Am Ende der Untersbergstraße stand unser Block, und gleich daneben, etwa zwei oder drei Steinwürfe davon entfernt, tat sich der stinkende Schlund der ehemaligen Kiesgrube auf. In den ersten Nachkriegswochen fuhren Ami-Trecks unablässig die Besatzungsrückstände unserer Befreier dort hinaus und kippten den Unrat in die Grube. Eifrig durchwühlten die Kiesgruben-Krattler anschließend den Hang und förderten alles zu Tage, was noch einigermaßen genießbar war.

Die Amis geizten nicht und ließen in allen Konservendosen noch einen Rest zurück, der uns allen wie ein Segen des Himmels erschien. Erdnussbutter, Cornflakes, Hershey-Schokoladensirup und vieles mehr reicherten unsere kalorienarme Zeit um Beträchtliches an.

Jeder der Kiesgruben-Krattler verteidigte seinen »Abfall-Claim« mit verbissenem Gesicht und nicht selten schlagkräftig nach alter Giesinger Art. Damals war die Kiesgrube Ernährungsfaktor Nummer eins!

Nur der hatte eine Chance zum Überleben, der seinen Platz unter Einsatz seines Lebens verteidigte.

Der von den Amis nur einmal gebrühte Kaffeesatz wurde mit Kohlenschaufeln zusammengescharrt, an der Sonne getrocknet, mit einigen Gramm »Coffee Instant« angereichert, in Tüten abgepackt und am »schwarzen Markt« in der Möhl-

straße gegen andere Lebensmittel vertauscht. Wer es verstand zu schachern, konnte bald schon auf seinem eigenen Fahrrad über die splitterzerfetzten Straßen strampeln.
Der »schwarze Markt« war natürlich verboten. Viele der polnischen, tschechoslowakischen und russischen Kriegsgefangenen, die endlich nach langen Jahren freigelassen wurden, dachten nun, dass sie ihre Wiedergutmachung in die eigenen Hände nehmen könnten.
Ihr beliebtestes Einsatzgebiet war der »schwarze Markt«. Sie konnten mit Gewissheit damit rechnen, nicht angezeigt zu werden, da alle, die auf dem »schwarzen Markt« schacherten, ohnehin mit einem Fuß im Gefängnis standen. So holten sie sich eben, was sie benötigten und bezahlten selten dafür.
Damals hatten wir noch Ausgangssperre, und es durfte sich niemand nach 21 Uhr auf der Straße erwischen lassen.
Eines schönen Tages kam der Kaulinger Alfred vom »schwarzen Markt« nicht mehr zurück. Seine Frau konnte aber keine Vermisstenanzeige aufgeben.
Man fand den Kaulinger mit zertrümmertem Schädel unterhalb des Friedensengels liegen. Sein Fahrrad war verschwunden und auch seine Tüten mit abgepacktem Kaffeesatz. Die Nachforschungen ergaben nichts. Die Zeit war hart, und die Leute waren an Tote gewöhnt von den Bombardierungen her.
Es regnete in Strömen, als der alte Kaulinger im Ostfriedhof beigesetzt wurde. Der Regen prasselte auf die Hand voll Menschen nieder, die ihm die letzte Ehre erwiesen. Die Bäume im Ostfriedhof waren verbrannt und von den Bombensplittern entlaubt, und so fand der Regen ungehinderten Durchlass.
Eigentlich war der Kaulinger bei der »Flamme« gewesen und hätte eingeäschert werden müssen. Doch das Krematorium verfügte nicht über genügend Brennmaterial.
Im darauf folgenden Winter verheizten die Leute in unserem

Block das gesamte Stiegenhausgeländer. Der Kaulinger wusste nichts mehr davon.
Nach der Beerdigung hatte der alte Konrad, der im zweiten Stock unseres Blocks wohnte, zu seinem Nachbarn gesagt:
»Es gibt vui z'vui Friedensengeln und vui z'wenig Frieden auf da Welt.«
Diesen Satz habe ich mir gemerkt.

Viermal stand ich bis heute Todesangst aus. Ich hoffe, dass es dabei bleibt.
Einmal überschlug ich mich mit meinem Porsche beim Training zu einem Flugplatzrennen. Ich schloss mit meinem Leben ab. Es war kein erhebendes Gefühl. Vom oft zitierten Heldentum war ich Lichtjahre weit entfernt.
Ein anderes Mal geriet ich beim Baden unterhalb des Georgensteins in einen Strudel. Ich kämpfte um mein Leben und weinte Rotz und Wasser dabei. Von Heldentum keine Spur.
Nach einer wüsten Sauftour mit meinen Freunden, die ich im Alleingang am frühen Morgen fortsetzte, geriet ich an eine Horde junger Schläger. Natürlich war ich nicht unbeteiligt an der folgenden Auseinandersetzung. Als ich am Boden lag und fünf Paar Stiefel auf mich eintraten, schloss ich mit meinem Dasein ab. Es gab noch einige gefährliche Situationen in meinem Leben, doch ich hatte dabei nie das Gefühl, endgültig abtreten zu müssen.
Das erste Mal, als ich dieses Gefühl hatte, war eine Bombennacht, in der ein Kriegsgefangenenlager in Giesing irrtümlich bombardiert wurde. Und dieses Lager befand sich etwa hundert Meter von unserem Block entfernt.
Ich glaube, dass man richtige Todesangst nur dann verspüren kann, wenn eine Lage aussichtslos geworden ist und man sich mit keinen Mitteln mehr dagegen wehren kann.
In dieser Nacht, als der Himmel mit »Christbäumen« übersät war, Sprengbomben durch die Luft zischten und Luftminen heulten, die Scheinwerferfinger der Flaks in den Him-

mel stachen und unser Viertel lichterloh brannte, hatte ich Todesangst. Und nicht nur ich allein!

Wir kauerten auf den Strohsäcken und auf den Holzbänken in unserem Luftschutzkeller und warteten auf unser Ende. Neben dem Mauerdurchbruch zum Nachbarhaus saß das junge Ehepaar Schenkel. Der Gefreite Schenkel hatte Fronturlaub und war erst seit einem Tag bei seiner jungen Frau, die große, braune, ängstliche Augen hatte und ein Muttermal an der rechten Halsseite.

Alle wussten wir, dass dieser Angriff unserem Viertel galt, und selbst der fronterfahrene Soldat Schenkel hatte ein kalkweißes Gesicht.

Wir konnten nichts tun. Wir konnten uns nicht wehren gegen die großen, silbernen Vögel am Himmel, die es darauf angelegt hatten, uns zu vernichten.

Die alte Frau Konrad vom zweiten Stock betete immer schneller und lauter, bis ihr Mann sie grob anfuhr, dass sie endlich den Schnabel halten solle. Da begann sie zu weinen und verfluchte alle Heiligen im Himmel.

Ich saß am Boden, an einen Stützbalken gelehnt und starrte auf meinen Vater, der Sanitäter war und nach jedem Angriff die Verwundeten versorgen musste.

Meine Mutter saß neben ihm und drückte ihr Baby, meine kleine Schwester, an ihre Brust. Sie weinte nicht und betete auch nicht. Ich fand ihre Haltung großartig.

Der alte Konrad vom zweiten Stock, ein eingefleischter Sozialdemokrat, schimpfte auf Hitler und seine Spießgesellen, und auf alle Pfaffen, wie er sie nannte, da er miterlebt hatte, wie Waffen gesegnet wurden, und dies nicht zur Theorie der Nächstenliebe passe. Das KZ war ihm sicher. Und der Luftschutzwart Gröbner gab ihm dies auch zu verstehen.

Doch den Konrad störte das überhaupt nicht. Im Gegenteil,

er schimpfte nur noch lauter auf diesen Wahnsinnigen von einem Führer, der das deutsche Volk restlos in die Verdammnis stürzte.

Der Parteigenosse Gröbner war eben im Begriff, die Worte von Konrad in sein schwarzes Buch zu notieren, als ein Rütteln durch unser Haus ging.

Frau Konrad schrie laut auf und das Licht erlosch. Die stählerne Fensterverschalung wurde aus den Angeln gerissen und auf das junge Ehepaar Schenkel geschleudert. Ich sah für den Bruchteil einer Sekunde ein Stück flammenden Himmel, dann rieselte Staub und krachten Mauersteine auf mich herab. Der Luftdruck schleuderte mich unter ein Bettgestell und ich vernahm nur noch schwaches Wimmern aus der Ecke, in der das Ehepaar Schenkel gesessen hatte.

Frau Konrad fing laut zu beten an und der Luftschutzwart plärrte immer wieder »durchbrechen, durchbrechen ... «, bis er immer leiser wurde und schließlich ganz verstummte. Er starb mit seinem schwarzen Notizbuch in der Hand.

Das junge Ehepaar Schenkel lebte noch einige Minuten. Die schwere Stahlplatte der Fensterverschalung hatte sie platt an die Wand gedrückt. Der Konrad war heil geblieben.

Mit meinem Vater zusammen schlugen sie den Durchbruch zum Nachbarblock ein. Meine Schwester, das Baby, weinte und zeterte; es war ein wüstes Durcheinander. Als mein Vater und Konrad endlich den Durchbruch geschafft hatten, kamen ihnen nur Steine entgegen und Leichenteile. Die Luftmine hatte im Nachbarhaus bis zum Keller durchgeschlagen. Siebzehn Leute waren tot gewesen.

Eine ganz hübsche Summe, wenn man die beiden Schenkel und den Gröbner mit dazu zählte. Ich fühlte, dass es meine letzte Stunde war. Doch nach einer Stunde, oder nach einer Ewigkeit, hatten mein Vater und der alte Konrad das Keller-

fenster freigebuddelt und die Überlebenden unseres Blocks krochen durch das kleine Loch ins Freie.
Es brannte ringsum, und Verwundete und Tote aus dem Kriegsgefangenenlager lagen bis vor unserer Haustüre.
Ein junger Russe mit einem Ziegelstein in der Brust wimmerte immer wieder dasselbe: »Hilfe, Freund. Guter Freund. Hilfe ...« Mein Vater bückte sich zu ihm nieder und drückte ihm die Augen zu.
Die feindlichen Flieger am Himmel hatten das Kriegsgefangenenlager für ein Ausbildungslager der deutschen Wehrmacht gehalten. Zwei Drittel der Gefangenen waren tot. Sie hausten in Baracken und fanden keinen Schutz vor den Bomben.
Drei Tage und Nächte lang brannte das Lager.
Mein Vater, der alte Konrad und noch einige Männer aus der Nachbarschaft versorgten die Verwundeten, so gut es ihnen möglich war. Ich starrte zum Himmel empor und suchte den lieben Gott, den uns der Religionslehrer als gütigen, weißbärtigen Mann nahe gebracht hatte. Ich fand ihn nicht. Hätte der alte Konrad einen weißen Bart besessen, ich hätte ihn für den lieben Gott gehalten.
In unserer Wohnung lagen die Möbel durcheinander. Meine Mutter fegte mit dem Handbesen die Scherben aus den Betten und wir warfen uns mitsamt den Kleidern darauf. Es zog erbärmlich, da keine einzige Scheibe mehr in den Holzrahmen verblieben war. Am nächsten Tag hatten wir in der Schule in der ersten Stunde Religionsunterricht. Ich war begierig darauf, etwas Neues vom lieben Gott zu erfahren.

Es war drückend heiß. Die Augustsonne flimmerte über den Dächern von Giesing. Unablässig kippten Amilaster ihren Müll in den stinkenden Schlund der Kiesgrube. Ein Teil des Hangs schwelte leicht, und der Gestank von verbrannten Ratten, Amikartons und Erdnussbutter drang in unsere Nasen.

Richard, Hans und ich saßen unterhalb des stinkenden Hangs und rauchten zusammen eine Pall Mall, die Richard gegen das Eiserne Kreuz seines Vaters von einem Amerikaner eingetauscht hatte.

Wir fanden nichts Besonderes an einer Zigarette, die unangezündet so herrlich gut nach Feigen roch.

Allmählich hatten wir spitzgekriegt, dass die Amis auf Kriegsauszeichnungen scharf waren. Und auf Hitlerbilder, Hakenkreuze, SS-Totenköpfe und Hitlerjugenddolche.

Wir kramten alles zusammen, was wir in dieser Richtung finden konnten, und machten mit den Amis Geschäfte.

Während die Kiesgruben-Krattler nur von Abfällen lebten, tauschten wir Kaugummi, Schokolade und volle Erdnussbutterdosen für Winterhilfsabzeichen und anderen Hitler-Schamott ein. Unseren knurrenden Mägen war es egal, ob wir für ein Verwundetenabzeichen oder eine SA-Armbinde mit dem Hakenkreuz darauf etwas zum Futtern bekamen.

Einem Gorilla von einem Mann, dem rothaarigen Weidenauer aus der Perlacher Straße, blieb unsere Schacherei nicht lange verborgen. Er war der uneingeschränkte König der Kiesgrube. Niemand wagte, ihm diesen Platz streitig zu ma-

chen. Wenn er auftauchte, verstummte jedes Gespräch. Wir Jungen wussten, dass er jeden, der gegen ihn aufmuckte, rücksichtslos verprügelte. Der Weidenauer hatte kein Gefühl. Wo der hinschlug, wuchs lange kein Gras mehr.
Die Tochter vom Weidenauer war fünfzehn Jahre alt und das erste Ami-Flittchen von Giesing. Alle wussten das, nur der Weidenauer anscheinend nicht. Oder er tat nur so.
Uns war das egal. Wir hatten schon oft gesehen, dass seine Tochter mit einem Ami in der Fahrerkabine eines Lastwagens verschwand, und Hans hatte dann jedes Mal trocken bemerkt: »Jetzt vernascht sie der Texas-Boy wieder, diese Sau.«
Natürlich wussten wir, was er damit meinte.
An diesem Abend, als die Kiesgrube wie selten stank, und wir unsere Pall Mall qualmten, spielte sich eine Tragödie ab. Die Krattler hatten ihre »Claims« längst verlassen und der letzte Lastwagen kippte seinen Inhalt in die Scheißgrube hinein.
Rosi, die Tochter vom Weidenauer, hockte lässig neben dem Laster und kaute an einer Mohnblume herum.
Wir kannten den Fahrer, er hieß Joe, und wir hatten schon manches Geschäft mit ihm getätigt. Auch Rosi kannte den schmächtigen, blonden Amerikaner und hatte schon einige Male ihren Heckmeck mit ihm getrieben.
Auch heute hatte sie ihren sexuellen Tag.
Der Junge winkte ihr zu und sie verschwand mit ihm in der Fahrerkabine. Wir verdrückten uns hinter einen Weidenstrauch und lauschten mit klopfenden Herzen dem Kichern und Stöhnen.
»Der Rosi lang ich noch einmal ans Herz hin«, sagte Hans und schwitzte dabei. Ich nahm mir im Stillen vor, ihr dort hinzugreifen, wo ihr der Ami gerade in diesem Moment hingriff. Allmählich dämmerte ein warmer Abend heran und die Ratten schlüpften aus ihren Löchern. Sie quiekten wie kleine

Kinder. Die Kiesgrube lag leer und ausgestorben vor unseren Blicken. Und plötzlich stand der Weidenauer wie aus dem Boden gewachsen einige Meter neben unserem Strauch. Er hatte uns aber nicht bemerkt.
Wir verhielten den Atem, da wir die Pratzen des rothaarigen Riesen wie nichts sonst auf der Welt fürchteten. Wenn uns der eine klebte, waren wir vierzehn Tage krankenhausreif.
Der Weidenauer wartete, bis seine Tochter aus der Kabine stieg und winkend und kichernd in den Heimgärten verschwand. Dann schnellte er vor und versperrte dem gerade anfahrenden Lastwagen den Weg.
Der Ami fluchte und bremste. Wir konnten nicht jedes Wort verstehen, das die beiden Männer miteinander wechselten, doch ihre Gesten waren unmissverständlich. Der Weidenauer riss die Wagentüre auf und zerrte den schmächtigen Texas-Boy vom Steuer weg. Kein Mensch weit und breit.
Ein Wortwechsel begann, und dann versetzte der Weidenauer dem jungen Ami einen Hieb unter das Kinn. Hätte der Schlag voll getroffen, so wäre der junge Amerikaner mit zerschmettertem Unterkiefer inmitten seines eben abgekippten Mülls gelegen. So aber taumelte er nur an den Kotflügel seines Lasters und fing sich dort wieder einigermaßen ab. Ich biss vor Aufregung an meinen Fingernägeln herum, und mein Freund Richard schiffte sich sogar in die Hosen.
Kaum hatte sich der Ami etwas gefangen, versetzte ihm der rothaarige Affe eine Schmeling-Doublette vor den Latz. Das hielt er nicht mehr durch und sackte zu Boden.
Der Weidenauer wie das Jüngste Gericht über ihm.
Wir glaubten, Knochen splittern zu hören und wetteten eins zu zehn, dass der Ami bald seinen Geist aufgeben würde. Lange konnte er den Schlägen dieses wütenden Stiers gewiss nicht mehr standhalten.

Um so erstaunter waren wir, als der Weidenauer plötzlich dumpf aufstöhnte und seine Schläge unkontrollierbar wurden. Er schlug immer öfter daneben und plötzlich bäumte er sich auf und lag still. Langsam quälte sich der junge Ami unter diesem Berg von Fleisch hervor und stand schwankend auf. In seiner Faust sahen wir ein Springmesser blitzen. Uns stockte der Atem.
Der Ami bückte sich, erhob sich, sah sich im Kreise um und rannte davon. Er verhielt, blickte sich erneut um, rannte zurück und bückte sich wieder.
Dann riss er sich seine Uniformjacke herunter, wischte sich damit sein Gesicht ab und rollte den schweren Körper des Weidenauers an den Rand der Kiesgrube. Mit dem Fuß versetzte er ihm einen Stoß und der Weidenauer verschwand in einem Meer von Blechbüchsen, Kaffeesatz und stinkenden Lebensmittelresten. Der Ami beugte sich über den Rand der Grube und stieg dann in seinen Laster. Er ließ den Motor an und schaltete die Scheinwerfer ein. Es war dunkel geworden. Wir blieben so lange in unserm Versteck hocken, bis die erschreckten Grillen wieder zu zirpen begannen. Sonst war es still. Hans war der Erste, der sprach.
»Mich leckst am Arsch«, sagte er, »der Weidenauer ist hin. Dem hilft keine Sau mehr. Morgen decken ihn die Amis mit einer Tonne Müll zu und übermorgen ist er von den Ratten aufgefressen. Mich leckst am Arsch.« Wir schlichen durch die Heimgärten nach Hause, und ich musste blödsinnigerweise an Weidenauers Tochter denken und an die Stelle, an die ich ihr unbedingt einmal hingreifen wollte.

Jeder von uns Buben hatte eine Sonntags und eine Werktagshose. Beide Hosen waren gleichermaßen wertvoll für uns. Hatten wir unsere Werktagshose zerrissen, so durften wir nicht auf die Straße, da die Sonntagshose wie eine heilige Monstranz im Kleiderschrank hing.
Widerfuhr uns das Pech, unsere Sonntagshose zu demolieren, so waren wir gezwungen, den Sonntag zu Hause zuzubringen, da uns unsere Eltern mit der Werktagshose am Sonntag unmöglich auf die Straße ließen.
Mit den Schuhen war es noch katastrophaler. Ich hatte ein Paar Sonntags-, Werktags- und Ausgehschuhe. Und die stammten von meiner Mutter. Ich trug als Junge also Damensportschuhe, bei denen von meinem Großvater der Absatz verkürzt wurde.
Das Grauenhafte daran war, dass mir diese Schuhe allmählich zu klein wurden. Meine Zehen lagen im ständigen Hader mit der Lederkappe. Und keine Aussicht auf ein neues Paar. So griff mein Großvater eben zum letzten Mittel und schnitt einfach die Lederkappe ab. Einige Monate waren gerettet.
Unter der Woche liefen wir barfuss oder trugen Holzsandalen, die eine Art Notbehelf für die Füße waren. Sie klapperten zum Fürchten und wir alle hassten sie. Also liefen wir lieber barfuss herum. Unsere Fußsohlen wurden allmählich widerstandsfähiger als gegerbte Büffelhäute, die wir aus den Indianerbüchern kannten. Wir waren in der Lage, barfüßig Fußball zu spielen, Bienenstiche widerstandslos über uns ergehen zu lassen und Fensterscheibenreste zu zertreten, ohne ernst-

haften Schaden daran zu nehmen. Wie gesagt, unsere Fußsohlen glichen den Mokassins amerikanischer Rothäute.
Wenn wir uns prügelten, und das taten wir zur Genüge, dann galt uneingeschränkt der Ehrenkodex, nur ja die Kleidungsstücke des Gegners nicht zu ramponieren. Wir schlugen uns in die Fresse und wischten uns gegenseitig das Blut ab, wenn unsere Hemden Gefahr liefen, davon verschmutzt zu werden. Kamen wir zerschlagen nach Hause, galt der erste Blick unserer Eltern unseren Kleidungsstücken. Sahen sie daran keine Verunreinigung, lächelten sie und der Tag war positiv gelaufen. 1946 gab es weder Textilien noch Waschmittel, um die verbliebenen Vorkriegstextilien zu reinigen. Wir wuschen uns mit Seifen, die zu achtzig Prozent aus Schweißsand und zu zwanzig Prozent aus undefinierbaren, leicht schäumenden Restprodukten bestanden.
Mein Vater sagte mir einmal, dass der Rest dieser Scheißseifen aus Tierkadavern bestehe. Ich wusch mir also meinen Hals mit Hund-Pferd-Kuh und weiß der Teufel mit was noch alles für Viechern sauber. Ein Honiglecken war es gewiss nicht.
Ein Familienfest bestand jedesmal darin, wenn ich von einem Ami ein Stück »Rote Seife« ergatterte. Die roch unverschämt nach Krankenhaus und desinfizierte ungeheuer. Nur samstags bei der Generalreinigung durften wir uns sparsam damit einschäumen. Wir rochen danach alle so unendlich hygienisch und fühlten uns wie neugeboren.
Ich versuchte eines Tages verstohlen, die Rote Seife zum Zähneputzen zu benutzen. Es schäumte herrlich, doch den Geschmack brachte ich drei Wochen lang nicht mehr aus dem Gaumen. Alles was ich aß, schmeckte nach Roter Seife. Heute weiß ich, dass sie nur den Geschmack der damaligen Lebensmittel positiv verfeinerte.
Vierfruchtmarmelade, Roggensemmeln, Kunsthonig und

Salzhering standen damals als ausgesprochene Delikatessen einmal im Monat auf der Speisekarte. Oder besser ausgedrückt: Lebensmittelkarte. Es wurde in Gramm gerechnet, und von Cholesteringehalt, Herzinfarkt und Übergewicht stand nichts im Buche!
100 Gramm Fleisch, 50 Gramm Butter und 250 Gramm Kartoffeln hieß Überleben in dieser Zeit, sofern man sich nicht mit Amiresten versorgen konnte. Das deutsche Volk lag auf der Schnauze. Der Führer war kein Führer gewesen. Zu spät erkannte man das. Die Teutonen mussten ihren Gürtel bis ins letzte Loch zurückschnallen. Sparen stand auf der Tagesordnung.
Die Stromsperre wurde eingeführt. Kerzenlicht geisterte aus allen Fenstern, die mit Glasersatz, Amikartons und Blechbüchsenstreifen notdürftig vor Wind und Wetter schützten. Die Reichsmark verlor ständig an Wert. Eine Zigarette kostete zehn Mark. Tauschzentralen schossen aus dem Boden. Mit der Reichsmark konnte man keinen Hund mehr hinter dem Ofen hervorlocken. Die Deutschen fielen wieder in die Zeit des Tauschhandels zurück.
Auch wir Jungen wussten, dass nur die Ware einen Wert darstellte. Wir lernten es von den Alten und wir schacherten auf Deibel komm raus. Wir hatten die Eiszeit, die Steinzeit, die Bronzezeit hinter uns und lebten nun in der Buntmetallzeit! Kupfer, Messing, Zinn und Eisen erzielten ganz nette Preise an der Vorstadtbörse.
Die Buntmetallhändler legten den Grundstein für ihren späteren Wohlstand. Sie fragten nie, woher wir das Zeug hatten. Und wir stahlen wie die Raben. Aus den Ruinen holten wir die Heizungsrippen, die wie höhnisch bleckende Zähne an den kahlen Wänden klebten. Wir zerrten unter Lebensgefahr Kupferkabel aus den Wänden, sammelten die verstreut her-

dass dies eine Ungerechtigkeit sei und die Treppenhäuser in Klein-Chicago allmählich auch zur Neige gingen.
Es gab noch einen Mann, der die Ansicht von Joe teilte. Und dieser Mann war mein Großvater. Mein Großvater brauchte drei Dinge im Leben: Zigaretten, Bier und eine glühende Herdplatte. Musste er auf eins dieser drei Dinge verzichten, konnte er zur Bestie werden. Und das wollten wir alle nicht.
Genau der richtige Mann für Joe, der vorhatte, einen Amilaster voller Briketts zu käschen.
Mein Großvater arbeitete bei den Amis in der Alabama-Kaserne und sah in Ami-Klamotten fast wie ein Sergeant aus. Außerdem konnte er mit Lastwagen umgehen, obgleich er keinen Führerschein besaß.
Harlaching und Giesing lagen nicht allzu weit voneinander entfernt. Ein Amilaster musste die Strecke in fünfzehn Minuten schaffen. Rechnete man das Abkippen hinzu, so musste die Angelegenheit in dreißig Minuten erledigt sein.
Joes Plan sah folgendermaßen aus:
An der Ungsteiner Straße hatte eine Luftmine das Eckhaus vom Dach bis zum Keller durchgemopst. Fuhr man rückwärts mit einem Lastwagen vor die Ruine und kippte den Inhalt hinein, war dieses »Depot« für Uneingeweihte von außen her nicht zu erkennen. Deckte man anschließend den Kohlenhaufen obendrein noch mit irgendwelchem Zeug ab, so hatte man für einige Monate ausgesorgt. Joe baldowerte die nächste Kohlenlieferung aus und bestellte meinen Großvater in seinen Ami-Klamotten und mich zum Tiroler Platz.
Er schärfte meinem Großvater ein, dass er sofort in die Kabine des Lasters flitzen solle und den Treck mit Volldampf zur Ruine steuern müsse, sobald der amerikanische Fahrer ausgestiegen sei. Wie er das bewerkstelligen würde, brauchte nicht unser Problem zu sein.

Es mag heute als gefährliches Unterfangen gelten, doch in jenen Darmdürrtagen wagten andere noch weitaus gefährlichere Unternehmungen.
Nun, mein Großvater und ich standen genau zur vorgeschriebenen Zeit am Tiroler Platz.
Die Straßen waren mit Schneeglätte überzogen und die Bäume mit Raureif. Das Thermometer zeigte minus fünfzehn Grad. Mein Großvater und ich konnten vor Kälte nicht sprechen. Von Joe weit und breit keine Spur. Die Straßen waren leer wie die Augen eines Toten. Kein Amitreck, einfach nichts.
Plötzlich hörten wir das quälende Brummen eines überladenen Lastwagens. Und dann sahen wir ihn, wie er um die Ecke bog, vom Tierparkberg herkommend. Die Briketts türmten sich weit über das Führerhaus hinauf. Nur ein Ami saß darin. Er qualmte eine Zigarette.
Und plötzlich lag ein Mädchen auf der Straße. Mir stockte der Atem. »Menschenskind, Opa, mich laust der Affe! Das ist der Joe! Er hat ein Kleidl an!«
Mein Großvater zitterte am ganzen Körper. Aber nicht vor Angst, so gut kannte ich den Alten, sondern vor Aufregung.
Der Ami trat fluchend auf die Bremse und hupte. Doch Joe, das Mädchen, bewegte sich nicht. Der Fahrer stellte den Motor nicht ab, zog nur die Handbremse an und stieg, eine Litanei amerikanischer Flüche vor sich hinbrummend, aus der Kabine und ging auf das »Mädchen« zu. Das war unser Stichwort!
Mein Großvater rannte als Erster auf den Laster zu, ich dicht an seinen Fersen. Die Straße war so glatt, dass wir mehr schlitterten als rannten. Rein in die Kabine, mein Großvater fetzte den ersten Gang ins Getriebe und schleudernd nach rechts und links jagte er davon. Einige Zentner Briketts purzelten auf das unschuldige Straßenpflaster.

Ich sah im Rückspiegel, wie der Ami wie angewurzelt auf der Straße stand, wild mit den Armen ruderte und keuchend seinem Laster nachrannte. Zwei-, dreimal rutschte er aus und fiel auf die Schnauze. Doch er kam näher!
Die Räder drehten durch, und erst als mein Großvater gleich auf den dritten Gang schaltete, vergrößerte sich der Abstand zwischen dem Ami und seinem Treck. Von Joe war nichts mehr zu sehen. Der schlaue Hund hatte gewiss in seinem Plan einkalkuliert, dass der Ami zunächst seinem Laster nachrennen würde. Er hatte also genügend Zeit zu verduften. Mein Großvater saß am Steuer mit zusammengebissenen Zähnen und hatte alle Hände und Füße voll damit zu tun, den schweren Treck auf der glatten Fahrbahn zu halten.
Ich durchstöberte inzwischen das Handschuhfach, schob Kaugummi, Schokolade und Zigaretten in meine Taschen und betete zu meinem Religionsstundengott, dass wir heil bei der Ruine ankommen mögen. Irgendwie schafften wir es auch.
Als mein Großvater rückwärts an die Ruine fuhr, warteten schon ein Dutzend Männer mit Schaufeln auf uns. Fieberhaft suchte mein Alter nach dem Hebel zum Kippen. Und plötzlich donnerten die Briketts in den Ruinenkeller. Die Männer arbeiteten wie die Ameisen, und als wir abschwirrten, war kein Stäubchen mehr zu sehen. Den Mechanismus, um die Ladefläche wieder in die Horizontale zu bringen, fand mein Großvater nicht mehr. Wir schlingerten mit aufgestelltem Ladeteil davon.
In der Bad-Schachener-Straße ließen wir die Kiste einfach mitten auf der Fahrbahn stehen und rannten über Ruinen, zerbombte Heimgärten und Schneewächten davon. Ich wunderte mich, wie schnell mein Großvater mit seinen einundsechzig Jahren noch rennen konnte. Als wir bei Joe zu Hause klingelten, öffnete uns mein Freund mit breitem Grinsen die

Türe. Er trug noch das Kleid seiner Schwester und sah darin gar nicht so übel aus. Die ersten Briketts bullerten schon im Ofen und es herrschte eine Bombenhitze.
Einige Nachbarn saßen noch in der Wohnung herum, und ich stellte stolz eine halb volle Flasche Whisky auf den Tisch. Auch diese hatte ich im Handschuhfach gefunden.
Mein Großvater, Joe und ich waren die Helden des Tages.
Von nun an holten wir uns in schöner Reihenfolge auf dem Leiterwagen jedes Mal einen Sack Briketts, wenn die Kohleneimer Ebbe aufwiesen.
Wir konnten uns kompromisslos auf alle verlassen. Verpfeifen gab es zu dieser Zeit einfach nicht. Die Leute hielten zusammen wie Pech und Schwefel.
Als es ihnen wieder besser ging, verloren sie diese Eigenschaften leider wieder. Wahrscheinlich ein Gesetz des Lebens.
Ich drehte noch einige halsbrecherische Sachen mit Joe. Doch die gefährlichste davon war gewiss unser Kohlenabenteuer gewesen. Joe hatte die Begabung eines glänzenden Organisators. An ihm bewahrheitete sich das Sprichwort, dass Schulbildung für den Erfolg im späteren Leben nicht ausschlaggebend sei. Er blieb einige Male »sitzen« und bekleidet heute einen Direktionsposten bei einer Weltfirma. Sein Name ist allen bekannt. Sein Jahresgehalt beläuft sich auf eine Viertel Million. Und Joe heißt er schon lange nicht mehr. Wir sind heute noch befreundet.

Im Jahre 530 nach unserer Zeitrechnung begannen die Bajuwaren mit der Besiedelung rings um das heutige München. Als Garibald I. im Jahre 554 der erste geschichtlich nachweisbare Herzog von Bayern wird, bevölkert sich allmählich das Land oberhalb der Isar, die auf neudeutsch so viel wie die »Reißende« heißt.

Im Jahre 760 endlich wird Giesing erstmals urkundlich erwähnt. Der Bajuware Kyso gab seinem Dorf den Namen Kyesing.

Viele Jahrhunderte später, 1854, verlor Giesing seinen dörflichen Charakter und wurde nach München eingemeindet. Das war die Geburtsstunde dieses sagenhaften Stadtviertels, das, und dies ist unbestreitbar, einen eigenen Menschenschlag hervorgebracht hat. Dichter und Maler, alle Autodidakten, wuchsen auf diesem Boden der Ärmlichkeit zu berühmten Leuten heran. Doch davon will ich nicht erzählen. Das kann man in Geschichtsbüchern nachlesen. Von meiner Zeit will ich erzählen, von einer schadhaften Zeit, die am Tage Null begann, also genau am 30. 4. 1945, als die Amerikaner in München einrückten und eine neue Ära einleiteten. Eine amerikanische Ära, die sich bis zum heutigen Tage erhalten hat und die sich nicht mehr ändern wird. Deutschland kann man ohne weiteres als neuen amerikanischen Staat ins Sternenbanner einfügen.

Wir wurden zu Amerikanern aus zweiter Hand mit deutscher Sprache. Die Konsumgesellschaft drüberhalb des großen Wassers begann, uns ihren Stempel aufzudrücken.

Wir stellten unser ganzes Leben um. Der amerikanische Bazillus machte sich in der Kultur, in der Wissenschaft und vor allem in unserem normalen Leben breit. Wir wurden wie unsere großen Brüder in ihren überdimensionalen Hochhäusern zu einer Wegwerfgesellschaft, die, von Werbespots diktiert, die Wirtschaft im synthetischen Stress ankurbelte. Die Qualität ging flöten; der gigantische Konsum stieg ins Unermeßliche an.
Wir fressen aus Plastiktellern, wischen uns den Mund mit Papierservietten ab und bestellen uns jedes zweite Jahr einen neuen Wagen. Wir werfen unsere Kühlschränke weg, zusammen mit unseren Möbeln, und leben in Fertighäusern nach amerikanischem Vorbild. Wir fahren in die Ferien mit Camping-Gespannen und Wohnmobilen und ertränken unsere verlorene Mentalität im Alkohol.
Wir Deutschen sind Arschlöcher geworden, amerikanische Second-Hand-Arschlöcher. Und wir sind auf unsere Errungenschaften auch noch stolz.
Das ist keine Frage der Technisierung und des weltweiten Fortschritts. Das ist allein eine Sache der Anschauung.
Nur die Japaner, die Samurai-Ritter, sind noch größere Arschlöcher als wir. Der Gott der aufgehenden Sonne möge ihnen gnädig sein. Uns kann kein Gott mehr helfen.
Als am 30. 4. 1945 unsere amerikanischen Erneuerer in München einrückten, mitsamt ihrer Kulturausbeute aus fünf Jahrhunderten, die sich in der Micky Mouse, im Kaugummi, im Coca Cola, im Virginia-Tabak und in so genannten Wolkenkratzern erschöpft, schneite es, und die kaugummikauenden Mäuler der Louisiana-Boys verzogen sich verschämt nach unten, als sie die Verwüstung sahen, die ihre Bomber angerichtet hatten.
Gesamt-München beklagte sechstausendzweihundert Tote,

sechzehntausend Verletzte und fünfhundertsechzigtausend Obdachlose. Eine ganz hübsche Summe für eine Stadt.
Giesing gab es zu einem guten Drittel nicht mehr.
Die bayerischen Barockengel hatten ihre Flügel eingebüßt.
Und der liebe Gott ließ die Schultern hängen und wurde zu einem Obdachlosen des Himmels. Er hatte die Schnauze voll von seinen Kindern, und sie hatten die Schnauze voll von ihm. Zumindest von seinen Angestellten.
Die erste nähere Bekanntschaft, die ich mit einem Amerikaner machte, spielte sich in der Fischbachauer Straße ab. Hohe Ulmen standen bis dicht an den Fenstern der Wohnblöcke, und man konnte, wenn man wollte, ungehindert dem Treiben in den Wohnungen beiwohnen. Hansä, der älteste meiner Freunde, hatte schon einige Erfahrungen mehr als ich. Zumindest wusste er schon, wie die Kinder zur Welt kamen. Und er erzählte mir dies einmal ausführlich so lange, bis mir übel davon wurde. Dann grinste er diabolisch, spuckte auf den Boden, sagte »du Depp« und schlenderte davon.
Nun, wir trafen uns in der Kiesgrube und Hansä war sehr aufgeregt. Richard und ich sammelten gerade Gewehrpatronen, von denen wir das Pulver herausnahmen und dann anzündeten. »Mensch, i konn eich was Neues zoagn«, sprudelte Hansä hervor, »drübn in da Fischbachauer Straß kummt alle Mittwoch nachmittag a Ami und pimpert am Adi sei Muadda!«
Adi war ein Klassenkamerad vom Hansä und seine Mutter eine junge Kriegerwitwe.
»Wenn mir auf'n Baam steign, kenn ma buidsauber ins Wohnzimmer zum Adi seiner Wohnung eini schaugn. I hab scho amoi zuagschaugt, wia der Ami pimpert! Wia a Wuida!«
Natürlich wollten der Richard und ich auch einmal zusehen, wie so ein Geschlechtsakt über die Bühne ging. Es kursierten die tollsten Geschichten darüber in der Schule.

Also stiegen wir auf die Ulme und warteten auf den Pimperer. »Dees dauert aber lang, bis der Glätzn kummt«, bemerkte ich zum Hansä, aber da bog schon ein Jeep um die Ecke. Ein lässiger Ami saß hinter dem Steuer, adrett in seine Uniform eingenudelt. Er parkte die Karre halb auf dem Bürgersteig, schnippte seine angerauchte Zigarette auf das Pflaster und verschwand anschließend im Hausgang, der zu Adis Wohnung hinaufführte.

»Jetzt bin i gspannt«, fieberte Richard und setzte sich bequem auf seinem Ast zurecht. Ich hatte einen vollen Blick ins Wohnzimmer und wunderte mich, dass Adis Mutter keine Vorhänge zuzog. Zuerst knallte der Ami eine Tüte mit Lebensmitteln auf den Wohnzimmertisch, wofür ihm Adis Mutter einen Kuss gab. Anscheinend hatte es der Krieger eilig, weil er sich ohne langes Federlesen seine Uniform vom Leib riss.

Ich sah, dass der Ami feuerrote Haare auf der Brust hatte und einen ganz netten Ranzen, den man unter seiner Uniform gar nicht so richtig wahrgenommen hatte.

Nackt sah er nach nichts mehr aus, als er mit seinen dünnen Beinen, seinem Bauch und seiner behaarten Brust ohne Uniform im Zimmer stand. Er hätte ebenso gut Meier, Huber oder Müller heißen können.

Also sah ein nackter Amerikaner auch nicht anders aus als ein nackter Deutscher. Ich stellte dies mit Verwunderung fest.

Und da kam auch schon Adis Mutter ins Zimmer. Auch sie war nackt, völlig nackt. Mir lief irgend etwas Heißes über meinen Rücken. Das war die erste Frau, die ich in meinem Leben nackt betrachten konnte. Meine Pupillen bohrten sich förmlich in ihre Brüste, die leicht wippten, wenn sie ging. Das war es also, was meinen Vater dazu bewogen hatte, mich und meine Schwester zu zeugen. Ich konnte dieses Gefühl nun besser begreifen.

Der Ami stürzte sich auf Adis Mutter und küsste ihren Körper wild ab. Mir lief das Wasser im Mund zusammen. Dann drängte er sie zur Couch und sie ließ sich fallen. Sie tastete sich zu seinen Schenkeln hinunter und ich begriff sofort, was sie dort suchte. Er küsste sie wiederum auf die dunkle Stelle zwischen ihren Schenkeln und dann lag er auch schon auf der Frau, die Adis Mutter war.
Das nun Folgende war eine Angelegenheit von einigen Minuten. Sein Hintern, der rot und hängend war und leicht schwabbelte, zuckte einige Male auf und nieder und dann schrie er irgend etwas auf englisch. Das war alles.
Anschließend rollte er von dem wunderschönen Körper herunter und zündete sich eine Zigarette an.
Adis Mutter zuckte noch einige Male nach, dann schlug sie mit der Faust auf den Polster über ihrem Kopf.
»Dees is oiso pimpem«? fragte ich Hansä, und dieser nickte mit hochroter Stirn.
Einige Jahre später erinnerte ich mich an diese Szene und musste herzhaft darüber lachen, dass sich wegen einer solchen Kleinigkeit schon ganze Völker bekriegt hatten.
Den Nimbus vom siegreichen Amerikaner hatte dieser rothaarige Wicht damals gründlich zerstört. Von nun an schaute ich die Amerikaner mit anderen Augen an, und auch ihre Mickey Mouse. Sie waren eben Menschen wie wir alle. Daran änderten auch Kaugummi, Erdnussbutter und Chesterfield nichts. Jesus Christ!

Wenn ich es recht bedenke, dann ist meine Jugend recht armselig gewesen. Wir hatten nichts, was sich mit heute vergleichen ließe.

Wir lagen am Flaucher, auf den heißen Betonsteinen und träumten von dem großen Los, das wir gewiss einmal ziehen mussten. Unsere Träume, und ganz besonders die meinen, waren so violett wie die Abende an der Isar, die wir tagtäglich erlebten. Hier am Flaucher, zwischen Tierparkbrücke und Schinderbrücke, trafen wir uns jeden Tag im Sommer, wenn die Ruinen der Innenstadt vor Hitze flimmerten.

Verirrte Granatsplitter hatten große Löcher in die steinerne Einrahmung der Isar gerissen. Vereinzelte Tümpel stanken uns entgegen, in denen Kaulquappen schwänzelten. Hier lagen wir auf dem Boden und betrachteten schweigsam den fahlen Mond, der seit Anbeginn unserer Welt über den Himmel spazierte. Und dazu träumten wir von Fahrrädern, die, chromblitzend, uns gehören würden. Wir träumten von amerikanischer Eiscreme, von Baby-Ruth-Schokolade, von Zimtkaugummi und von einem plötzlichen Schlaganfall unseres verhassten Rechenlehrers.

Und ich träumte noch meinen Traum von der Hilde, die lange Zöpfe trug und Sommersprossen im Gesicht hatte. Ich lernte sie beim »Hasenfutterholen« kennen.

Am Walchenseeplatz wohnte sie, drei Häuserblocks vom Milchgeschäft Heidacher entfernt. Die Liebe eines Zwölfjährigen begann mein Innenleben gänzlich umzukrempeln. Sie schrieb mir einen Brief, den ich bis heute nicht vergessen

kann. Mein Freund Richard übergab ihn mir in unserer Stammruine Ecke Untersberg/Perlacher Straße.
Mit Tintenbleistift stand auf rosa Papier geschrieben: »Da ich ein Auge auf Dich habe, möchte ich es nicht länger verheimlichen. Ja niemandem sagen, das möchte ich Dir ans Herz legen.« Und dieses Herz pumperte mir zum Zerspringen. Ich träumte Tag und Nacht von ihr, selbst in der Schule. Dafür bezog ich vom Rechenlehrer regelmäßig meine Prügel.
Ich litt also für meine Hilde.
Ich dachte mir alle möglichen Tricks aus, nur um sie zu sehen. Einmal schickte ich meinen Freund Richard zu ihren Eltern in den dritten Stock hinauf und ließ ihnen bestellen, dass ihre Freundin wegen der Schule auf sie im Hausgang warte. Dann standen wir uns schweigend gegenüber, starrten auf den Boden, versuchten unsere zuckenden Herzen zu bändigen und reichten uns zum Abschied die Hände. Ich schwebte anschließend im oft zitierten Siebenten Himmel und dachte an meinen violetten Abenden am Flaucher nur immer wieder daran, meine Hilde aus einem Löwenkäfig zu retten oder sie aus einem brennenden Haus über die Feuerleiter in Sicherheit zu bringen.
Ein anderes Mal lauerte ich vor der Kirche auf sie, und bei den Maiandachten winkte ich ihr verstohlen zu, wenn sie neben ihrer Mutter vor mir in der Bank kniete.
In der Martinschule, in den Pausen, hetzte ich zum vierten Stock hinauf, nur um sie zu sehen und ihr meine Schulspeisung zu bringen. Sie mochte den Haferflockenbrei mit Rosinen so gerne, der so unendlich lange Fäden zog beim Essen.
Wir sprachen fast nie miteinander, doch jeder von uns beiden versuchte, irgendwie in die Nähe des anderen zu kommen.
Das musste die oft zitierte Liebe sein, die ich den Heften von Billy Jenkins und Tom Prox entnommen hatte.

An einem Sonntagnachmittag konnte sich meine Hilde sogar einmal für drei Stunden freimachen. Ihre Eltern waren auf irgendeiner Versammlung.
Richard, meine Hilde und ich fuhren mit den Rädern nach Hinterbrühl zum Kahnfahren. Ich ruderte den Kahn bis zur Erschöpfung über den See, um meiner Hilde zu imponieren. Verstohlen beobachtete ich sie, wie sie meinen Kraftakt aufnahm. Doch sie verzog keine Miene. Um ihr noch mehr zu imponieren, riss ich mir mitten auf dem kleinen See die Kleider vom Leibe und sprang mit einem Kopfsprung in das dunkle Wasser. Es knackste in meinem Genick, meine Arme und mein Kopf steckten im zähen Schlamm und ich spürte einen kurzen Moment meine Beine nicht mehr. Dann hatte ich mich schon freigekämpft und stand bis zur Hüfte im Wasser. An dieser Stelle war der Hinterbrühlersee nur knapp einen Meter tief. Richard grinste bis über beide Ohren, als er mir die Schlingpflanzen vom Kopf pflückte.
Ich muss ein erhebender Anblick gewesen sein. Doch was mich am meisten ärgerte war, dass auch meine Hilde lachte, bis ihr die Tränen kamen.
Ich zog meine Hosen und mein Hemd über meinen schlammverschmierten Körper und ruderte verbissen zum Ufer zurück. Wir sagten kein Wort, als wir uns in ihrem Hausgang die Hände reichten. Ich schämte mich zu Tode.
Und vor allen Dingen glaubte ich, dass meine Hilde nun das Interesse an mir verloren hätte. Ich war verzweifelt. Wie konnte ich auch nur so idiotisch sein!
Vielleicht eine Woche später trafen wir uns rein zufällig am Walchenseeplatz, als sie in einem gläsernen Maßkrug Bier für ihren Vater holte.
Sie forderte mich auf, zu trinken und rührte mit dem Finger anschließend eine Schaumkrone in den Krug.

Ein Gewitter stand am Himmel und es war drückend schwül. Ich begleitete sie bis zu ihrem Hausgang. Dort standen wir uns wie üblich schweigend gegenüber.
Ich erinnerte mich an Tom Prox und seine Freundin, die eine Rancherstochter war, und die mein Held nach einer Stampede heiß geküßt hatte. Also nahm ich kurz entschlossen ihr Gesicht in beide Hände und küsste sie mitten auf den Mund, der nach Bärendreck und Waldmeister schmeckte. Ganz groß hatte ich ihre Sommersprossen vor mir, und ihre Haare rochen nach Essig.
Sie erschrak so sehr über meine Kühnheit, dass sie die Hälfte des Bieres über meine nackten Beine goss. Ich war über mich selbst so sehr erstaunt, dass ich wie angewurzelt im Hausgang stehen blieb und ihr nicht einmal nachschaute, als sie die Treppen hochsauste und in ihrer Wohnung verschwand.
Ich hörte nur einige klatschende Schläge und das Gezeter ihres Vaters, der mit seinem Bier nicht einverstanden schien.
Von diesem Tag an stand ich nicht mehr auf die Hilde. Woran das liegen mochte, konnte ich mir selbst nicht erklären. Wenn wir an den Abenden am Flaucher lagen, träumte ich wieder von chromblitzenden Fahrrädern, amerikanischer Eiscreme, Baby-Ruth-Schokolade und Zimtkaugummi. Von der Hilde träumte ich nicht mehr. Doch ihren Brief bewahrte ich auf. Ich zeigte ihn meinen Freunden und gab schwer damit an.

Als im April Fünfundvierzig die Amerikaner in München einrückten, war es bitter kalt.
In den Ruinen loderten romantische Lagerfeuer, wie sie Cooper in seinen Lederstrumpf-Büchern beschrieben hatte. Um sie herum hockten stumpfsinnig die ausgemergelten Münchner und träumten von Corned Beef, warmen Decken und Vitamintabletten.
Bei jedem Geräusch, das eine entfernte Ähnlichkeit mit einer Detonation hatte, zuckten sie zusammen und starrten sich aus rot geränderten Augen ängstlich an. In der Überzahl waren es Frauen, Kinder und alte Männer. Die anderen hatte der Krieg geschluckt.
Die Militärregierung, die im Rathaus ihren Sitz bezogen hatte, verhängte Ausgangssperre, striktes Waffenverbot und begann bereits mit den Plänen zur Entnazifizierung, was so ähnlich wie Entlausung klang.
Die Parteigenossen, die am Aufbau und Untergang des tausendjährigen Reiches teils schuldig, teils völlig unschuldig waren, wurden zur Holzaktion und zum Schutträumen eingezogen. Es traf immer wieder die Kleinen, die ihr Parteiabzeichen tragen mussten, um überhaupt leben zu dürfen.
Fast jeder, der bei der Stadt beschäftigt war, musste der Partei beitreten. Anders hatte er überhaupt keine Chance, seinen Posten behalten zu können.
Ausgemergelte Volkssturmleute mit Schaufeln auf den Schultern begannen die Rückstände der Bombardierungen wegzuräumen.

Frauen in Kopftüchern, mit schwieligen Händen, klopften Ziegelsteine fein säuberlich ab und schichteten sie auf.
Die Stadt war ein einziges Trümmerfeld, und niemand wusste am Anfang so recht, wo er mit den Aufräumarbeiten beginnen sollte. Es war ein Chaos aus verbranntem Holz, zertrümmertem Beton und zerschmettertem Gestein. Die Stromleitungen lagen wie einfarbige Luftschlangen über der zerschlagenen Stadt. Die Leute hausten zum größten Teil im Freien oder in Kellern, die noch einigermaßen heil geblieben waren.
Es gab nichts mehr, absolut nichts. Kein Geschäft hatte geöffnet. Die Bürger lebten in Solidarität mit den Ratten. Wer krank wurde, war erledigt. Es gab weder Medikamente noch Lebensmittel. Karl Scharnagl wurde als Oberbürgermeister von den Amerikanern eingesetzt. Allmählich setzte er durch, dass die Caritas für seine hungernden Bürger etwas tat. Auch bei der Besatzungsmacht erreichte er schließlich, dass sie Lebensmittel und Bekleidung für die Münchner bereitstellte.
Im Hofbräukeller wurden an Kinder und schwangere Frauen Doughnuts, die eine entfernte Ähnlichkeit mit Schmalznudeln hatten, verteilt. Dazu gab es Ei- und Vanillepulver und Trockenmilch. Die meisten kotzten die gierig genossenen Doughnuts wieder aus, da sie die fette Labsal nicht mehr vertragen konnten. Ihre Mägen waren an Magermilch, Kartoffel, Kunsthonig und Nichts gewöhnt.
Aus den Jeeps der Amerikaner hörte man Glenn Miller und Benny Goodman. Und Lilli Marleen auf Englisch. Viele der fünfzehn- bis siebzehnjährigen Mädchen und auch einige junge Kriegerwitwen angelten sich einen G.I. und wurden als »Amiflitschn« gebrandmarkt. Meist waren es ältere Frauen, die diese harten Worte prägten. Sie hatten bei den Amis eben keine Chance mehr. Doch gerne soffen sie den Whisky, rauch-

ten Zigaretten und fraßen die Militärrationen, die die jungen Mädchen und Frauen in der »Waagrechten« verdienten.
Sie prostituierten sich auf eine andere Art und brachen den Stab der Moral über diejenigen, die nicht verrecken wollten. Sie waren die Schlechteren von beiden.
Das Zeitalter der Heimgärten begann.
Überall schossen die fünfzig bis hundert Quatratmeter großen Gärtchen aus dem Boden. Kohlrabi, Wirsing, Erdbeeren, Blaukraut und Tabakpflanzen quälten sich aus dem gemarterten Boden, der mit gesammeltem Schafmist ökonomisch aufgefrischt wurde. Vielleicht hatten die Sieger doch Recht mit ihrer Behauptung, sie würden aus den Deutschen Ackerbauern machen?
Niemals, so sagten sie, werden die Deutschen jemals wieder eine Waffe in die Hand bekommen. Welch ungeheurer Unsinn oftmals doch geschwätzt wird.
Ich war damals ein Bub von neun Jahren, und meine Därme hatten die Ausmaße von Bindfäden.
Wenn man bedenkt, dass mich ein blindwütiger Nazi von einem Volksschullehrer im letzten Monat vor Kriegsende noch zur Hitlerjugend bringen wollte, so kann man sich gewiss vorstellen, wie »erwachsen« ich damals eigentlich schon war.
Mit mir »lechzten« noch zwölf weitere Klassenkameraden darauf, das Abenteuer der HJ endlich miterleben zu dürfen. Gottlob bewahrte mich mein weitsichtiger Vater davor, in ein Ausbildungslager nach Berchtesgaden zu kommen. Ich konnte das natürlich nicht begreifen. Zu sehr war ich von meinem Lehrer infiziert. Er sprach von Segelfliegen, Kameradschaft, Lagerfeuer und Abenteuer. »Der deutsche Junge muss dabei sein, damit er ein richtiger Mann wird!« So klang es mir täglich nach dem »Heil-Hitler-Gruß« in den Ohren.

Später erfuhr ich, dass dieser Trottel von einem Lehrer nicht nur ein eingefleischter Nazi war, sondern obendrein auch noch schwul.
Dies stellte sich nach zehn Jahren bei einem Prozess heraus, als nämlicher Lehrer als »Gymnasialprofessor« bei unzüchtigen Handlungen mit zwei seiner Schüler ertappt wurde.
Er hatte nie Schutt geräumt und war sofort in Konrad Adenauers CDU eingetreten. Als ich dies mit achtzehn Jahren erfuhr, wusste ich, dass die Gerechtigkeit mindestens so viele Köpfe wie die Hydra besaß.
Und diese Erkenntnis war für mich als jungen Menschen erbärmlich genug.
Je älter ich wurde, desto lächerlicher wurden Gesetzbücher für mich, die sich ihre »Erfinder« in Siebbauweise erdachten. Die Löcher darin waren größer als die in einem Schweizer Käse. Doch der Mensch braucht sie eben, als moralischen Sex-Appeal, so wie er ohne die zehn Gebote Gottes nicht auskommen kann. Wenn ich mich entsinne, wie viele Unschuldige auf den Schuttfeldern von München damals krepierten, als Nazis gebrandmarkt, obgleich sie niemals im Leben etwas Unrechtes taten, dann quält mich ein Kloß im Hals und ich möchte am liebsten spucken.
In unserem Block in Giesing wohnte ein eingefleischter Nationalsozialist, der unverbrüchlich an den Führer glaubte, und der dennoch acht Juden mit falschen Pässen dazu verhalf, nach Amerika emigrieren zu können. Wobei zur gleichen Zeit der Pfarrer unserer Kirche seine lateinischen Salbadereien verzapfte und anschließend in seine Schweinshaxe biss. Einer der Juden kam nach dem Krieg als Captain in seine Heimatstadt München zurück. Als er von der Entnazifizierungsbehörde den Namen seines damaligen Retters erfuhr, und er den fein säuberlich ausgefüllten Bogen las, traten ihm

Tränen in die Augen. Er kannte den Mann und wusste, dass er alles andere als ein Nazi war, als den er sich selbst nach dem Krieg noch bezeichnete.

Wir in unserem Block trugen alle Gewinn davon, da der Jude, der Beermann hieß und amerikanischer Captain war, seinen Freund und Retter nicht vergaß und auch dessen Freunde mit Lebensmitteln versorgte. Als Bub von neun Jahren begann ich damals schon zu begreifen, dass die Menschlichkeit mit Gesetzbüchern und den zehn Geboten absolut nichts zu tun hatte. Selbst als Captain Beermann nach Augsburg versetzt wurde, schickte er seinen »Giesinger Freunden«, wie er uns bezeichnete, jeden Monat Fresspakete, die wir dem »Nazi« von nebenan verdankten, der bescheiden für eine Schuhfabrik Holzsandalen in Heimarbeit fertigte, da er keine andere Arbeit finden konnte. Er starb an Unterernährung in dem Jahr, als die Währungsreform stattfand. Seine eigenen »Captain-Beermann-Pakete« brachte er regelmäßig einer jungen Mutter, deren Mann bei Gorodok gefallen war. Heute weiß ich, dass dieser Mann ein Held gewesen ist, sofern es auf unserer Welt überhaupt Helden gibt.

Ich finde, dass die Heldentaten des täglichen Lebens zählen und nicht diejenigen eines erfolgreich geführten Eroberungskriegs.

»Benehmt euch wie Menschen, dann seid ihr Helden«, sagte ein Dichter, und dem stimme ich zu!

Neunzehnhundertsechsundvierzig durfte ich mit meinem Großvater die erste »Wiesn« nach dem Krieg besuchen, die damals allerdings noch nicht wieder »Wiesn«, sondern »Herbstfest« hieß. Als Belohnung gewissermaßen, da ich die Aufnahmeprüfung in die Oberrealschule bestanden hatte.

Mein Großvater, ein alter Biertrinker, verzog angewidert seine Mundwinkel, als er den ersten Schluck Dünnbier zu genießen versuchte. Schließlich vernaschte er doch zwei oder drei Maß, von denen ich als Zehnjähriger kräftig mitsüffeln durfte. Mein Opa war ein feiner Kerl! Er arbeitete bei den Amis in der Alabama-Kaserne. Ich erinnere mich, dass wir schwarze Semmeln zu einem Salzhering verzehrten, und dass ich anschließend an einem Standl mit einem übersüßten »Amerikaner« verwöhnt wurde. Es war die Zeit von »Off Limits« und Stromsperre, und zwei Mal Riesenradfahren war die Krönung dieses Herbstfestbummels.

Erst ab 1949, ein Jahr also nach der Währungsreform, als es aber immer noch Lebensmittelkarten gab, wurde dieses Herbstfest wieder in Oktoberfest umbenannt. Mein Großvater entrüstete sich damals schon über den unverschämten Bierpreis für ein »Sau-Gesöff«, wie er sich ausdrückte, und ich erfuhr so nebenbei, dass eine Maß Bier 1922 fünfzig Mark gekostet hatte. Am l. Oktober 1923 musste man für eine Maß Märzenbier bereits 21 Millionen Mark berappen, und am 9. November desselben Jahres war der Preis für eine Maß in die astronomische Höhe von 72,8 Milliarden Mark geklettert.

Solche Zahlen merkt man sich ein Leben lang. Dieser Inflation wegen fand auch 1923 und 1924 keine Wiesn statt. Die Kellnerinnen wären Gefahr gelaufen, zwischen Bierbestellung und Bierauslieferung einige Milliarden Differenz ausgleichen zu müssen.
Mein Großvater erzählte mir das nur, da wir schon »wieder so weit« wären, wie er meinte, wenn man für eine Schachtel amerikanischer Zigaretten 50 Mark und ein Jahr später sogar 100 Mark hinlegen musste. Ja, und dann gingen wir heim nach Giesing, da Straßenbahnen nur höchst selten fuhren. Hinter dem Glasersatz der Fenster geisterte Kerzenschimmer; Stromsperre versetzte die Stadt in Dunkel. Gespenstisch hing ein Septembermond am Himmel, und ich dachte damals, dass die Ruinenlandschaft kein Ende nähme.
Die Ruinenlandschaft verschwand, und der »Elektro John« auf der Wiesn nahm seinen Anfang.
1948 ging die Klasse 2a geschlossen auf die Wiesn, und Professor Reib, unser Zeichenlehrer, forderte anschließend einen zeichnerischen Bericht über diesen Oktoberfestausflug. Große Ausbeute konnte er nicht erwarten, einige Monate nach der Währungsreform, wie das Kopfgeldabenteuer hieß, das der Deutschen Mark auf der ganzen Welt wieder Ansehen verlieh. Ich hatte 20 Pfennige einstecken, und ich glaube, dass der Eintritt in des Elektro-Johns-Etablissement genau diesen Betrag schluckte. Aber ich wurde reich entschädigt dafür! Dieser Mann brachte Glühlampen von 1000 Watt zum Strahlen! Ganze Lichterketten konnte das Publikum an seinem Körper entzünden.
Ich dachte damals mit zwölf Jahren schon, dass man durch eine solche Eigenschaft größere Wunder vollbringen könnte, als das Jesus zu seiner Zeit möglich war. Ich hielt auf meinem Skizzenblock den Elektro-John und den Toboggan fest, da

man bei letzterer Attraktion, solange man wollte, zuschauen konnte. Und das obendrein noch kostenlos!
Und dann kam die Zeit, die als »Halbstarkenzeit« in die Geschichte der Jugendlichen einging, die etwa meinem Jahrgang entsprechen. Anfang der fünfziger Jahre war das bei uns in München.
Die ersten »Blasen« formierten sich; das Zeitalter des »Bebop« begann! Wir sagten dazu »Bab«. Babhemden, Babhosen, Babschuhe, Babsakkos und Babkrawatten ersparten wir uns durch knausriges Markl-auf-Markl-Legen. Diese Schale war unser ganzer Besitz. Und natürlich auch unser ganzer Stolz.
Die ersten Blue Jeans ließen wir uns von befreundeten GI's in der »Pi-Ex« besorgen. In Geschäften gab es diese amerikanischen Nietenhosen noch nicht zu kaufen. Wir bezahlten dafür mit Hitler-Schamott, auf den die Amis scharf waren. Dazu trugen wir »Schweizer Nickis«, wie die ersten T-Shirts mit langen Ärmeln hießen, die aus Frottee-Stoff geschneidert wurden, und »Tramps«, Turnschuhe mit Schäften, wie sie heute alltäglich sind. Solchermaßen ausgestattet, vielleicht noch mit einem ledernen Kraftband um das rechte Handgelenk, besuchten wir, fünfzehn Mann stark, alljährlich die Wiesn. Geld für eine Maß Bier hatte fast keiner von uns in der Tasche. Also nuckelten wir zu fünft jeweils eine Maß Bier aus und versetzten uns anschließend in einem Anfall von Selbstsuggestion in eine Art Rauschzustand. Nun wurden wir alle amerikanische »Supermen«, und manch einer von uns glaubte sogar fest daran, ein Humphrey Bogart oder ein Burt Lancaster zu sein.
Doch alle fünfzehn Mann benahmen sich ausnahmslos wie James Dean. Und einer war immer darunter, der zum »Fegn« ausgeschickt wurde – in den Bierzelten, wenn wir einige

Fremd-Territorianer bemerkten, die gleich uns auf stehengelassene Noagerl erpicht waren. Einige Worte genügten meistens, und schon wurde gerauft. Meistens nur zur »Schau«, doch einige Male arteten diese Raufereien dann in regelrechte Schlägereien aus, bei denen Blut floß und Nasenbeine splitterten. Die Ordnungsmänner der damaligen Zeit fotzten uns quer durch die Bierzelte, aber sie zeigten uns nie an. Heute glaube ich, daß diese Schlägereien auch ihnen gut taten. Jedes Jahr zur Wiesnzeit hatte ein anderer von unserer Blase ein blaues Auge, das er aber stolz beim Tanzen jedem Mädchen hinreckte.

Ja, und »Hasen« rissen wir natürlich auf der Wiesn auf! Wiesnbräute gab es jedes Jahr in Hülle und Fülle! Einige dieser Bekanntschaften hielten sogar ein paar Monate! Hochzeiten wurden allerdings nie daraus. Aber das wollten weder wir noch die Bräute!

Als der amerikanische Schriftsteller Thomas Wolfe 1928 die Wiesn besuchte, raufte er nach acht Maß Bier dermaßen, dass er mit ziemlichen Verletzungen ins Krankenhaus eingeliefert wurde. Trotzdem schrieb er in seinem Roman »Geweb und Fels«: »Was könnte man über München anderes sagen, als dass es eine Art von deutschem Paradies sei.«

Und was ein amerikanischer Schriftsteller konnte, das konnten wir »Halbstarke« allemal!

Selbst heute noch, nach dem Genuss von einigen Krügen Bier, spielen mir die alten »Schläger-Teufelchen« meiner längst vergangenen »Halbstarkenzeit« hin und wieder einen Streich ...

Mein Vater war während des Krieges »uk« gestellt. Dies hieß soviel wie »unabkömmlich«. Er leitete eine Abteilung bei den »Optischen Werken Steinheil & Söhne«, und diese Abteilung stellte Bombenzielgeräte her. Seine Untergebenen bestanden ausschließlich aus russischen Kriegsgefangenen, die ihm den Reinigungsspiritus in regelmäßiger Reihenfolge wegsoffen. Solche Leute galten als Saboteure, und die Todesstrafe war ihnen beim Ergreifen gewiss. Natürlich deckte mein Vater seine Arbeiter, und sein Spiritusverbrauch war ungeheuer. Ich erwähne dies nur, damit man sich ein Bild von meinem Vater machen kann.

Mein Großvater hingegen war bis in die Knochen davon überzeugt, dass Hitler seinen Krieg gewinnen würde. Er war weder ein schlechter Mensch noch ein Nazi; er war einfach Militarist, wie ihn mein Vater bei jeder Gelegenheit bezeichnete. Mein Großvater meldete sich mit sechzig Jahren freiwillig nach Russland zur Partisanenbekämpfung, während mein Vater der Widerstandsbewegung beitrat.

Ich wuchs also in einer lustigen Familie auf.

Mein Großvater trug die Munition in der Tasche, um meinen Vater zu bekriegen, und mein Vater wiederum die Munition, die meinem Großvater den Garaus machen sollte. Doch beide verstanden sich glänzend.

Meine Großeltern wohnten in Giesing Parterre und wir einen Stock darüber. Ich fand das einfach prächtig. Ein Junge meines Alters konnte sich die Speisekarte wählen, was mich bei meinen Freunden ungeheuer erhob.

Gab es im ersten Stock Spinat, so begab ich mich zu meiner Großmutter, die einen Kartoffelschmarrn zubereitete, der mir natürlich weitaus lieber war.
Nun, mein Großvater, der Abenteurer der Familie, kam natürlich dank eines Telegramms, das mein Vater zu seiner Einheit nach Russland schickte und das völlige Ausgebombtheit bescheinigte, gerade noch rechtzeitig von der Front zurück, bevor seine Einheit restlos aufgerieben und von den Russen kassiert wurde. Zuvor kam allerdings noch eine tischgroße Kiste voller Machorka-Tabak an, den kein Mensch rauchen wollte. Mein Großvater wurde dieser Kiste innerhalb eines halben Jahres Herr. Er war ein starker Raucher.
Kaum hatte mein Großvater seine Füße unter dem Tisch ausgestreckt, war der barbarischste Krieg aller Zeiten beendet. Das Nachkriegsinferno begann.
Ich entsinne mich noch, dass ich gerade in unserer Wohnküche auf der Couch saß, als plötzlich im Hof ein wilder Radau begann. Russische Laute fetzten zu uns hoch, und meine Mutter wurde kalkweiß im Gesicht.
Man hörte allerorts von der Rache der Kriegsgefangenen, die nun wieder auf freiem Fuß standen. Und ihre Rache unterschied sich von keiner Rache dieser Welt.
Immer öfter hörten wir unseren Namen, und meine Mutter wurde immer blasser. Endlich ging mein Vater ans Fenster, und ein tumultartiger Orkan brandete zu unserem ersten Stock empor. Die russischen Kriegsgefangenen meines Vaters brachten uns auf Leiterwagen geklaute Lebensmittel an, um ihre Dankbarkeit zu bezeigen, da sie mein Vater immer gut behandelt hatte. Die Leute in unserem Block staunten nicht schlecht. Als sie wieder abzogen, schloss sich ihnen mein Großvater, der Abenteurer, natürlich sofort an.
Russen, Polen, Tschechen, Franzosen und Deutsche, die den

Mumm dazu hatten, plünderten in der Reichszeugmeisterei, im Bürgerbräukeller und in verschiedenen Nazidepots. Natürlich erwarteten sie beim Ertapptwerden barbarische Strafen. Doch meinen Großvater schnappten sie nie! Mein Großvater sorgte dafür, dass wir unmittelbar nach dem Krieg in »Fallschirmseide« herumliefen. Wir trugen auch nur Hemden in Rot. Nicht wegen etwaiger politischer Richtungen, sondern weil mein Großvater eine große Hakenkreuzfahne ergattert hatte. Meine Großmutter war wiederum sehr geschickt auf der Nähmaschine.

Es hängt heute noch ein Ölgemälde in meinem Wohnzimmer, das mein Großvater damals »mitgehen« ließ. Leider ist es kein Nolde.

Der Nachbar meines Großvaters von Parterre, Dussa hieß er, ein liebenswürdiger Mann, der keiner Fliege etwas zu Leide tun konnte und der bei allen beliebt war, rollte sogar ein ganzes Rad Emmentaler Käse zu Fuß vom Bürgerbräukeller nach Giesing. Niemand hielt ihn auf.

Es war reine Notwehr und der undefinierbare Drang zum Überleben. Der ganze Block fraß Emmentaler, bis allen die Löcher zum Halse heraushingen.

Ein halbes Jahr später erwischten die Amis dann meinen Vater beim Schwarzschlachten.

Jeden Monat einmal fuhren er und zwei Freunde von ihm nach Mühldorf, um kleine Ferkel einzukaufen, die mein Großvater dann in der Badewanne schlachtete. Doch einmal lief es schief. Die Militärpolizei schnappte ihn, und er wanderte für ein halbes Jahr ins Zuchthaus Bernau. Eine harte Zeit brach für uns an.

Nun lebten wir ausschließlich von unseren Lebensmittelkarten, die gerade noch ein Existenzminimum erlaubten. Meine Mutter litt sehr darunter.

Es war das erste Weihnachtsfest nach Kriegsende, das wir ohne meinen Vater feierten.
Er saß bei Kohlsuppe und »Matratzenzigaretten« in Bernau und wir bei »Molke« und Rollgerstensuppe in Giesing und starrten auf einen Tannenzweig, da ein Tannenbaum einfach nicht denkbar war. Im Radio sang Bing Crosby »I'm dreaming of a white Christmas«, und mir knurrte der Magen.
Mein Großvater starrte vor sich auf die Tischplatte und trank hin und wieder von seinem alten Maßkrug, in dem sich dieser eigenartige Bierersatz befand, den man allgemein als Molke bezeichnete.
Doch Alkohol musste darin sein, denn um 11 Uhr war mein Großvater besoffen und kotzte die Badewanne voll, in der er immer die Schweine geschlachtet hatte.
Meine Großmutter fluchte unterm Saubermachen, und anschließend gingen wir in die Mette, die bei Kerzenlicht in einer Holzbaracke abgezogen wurde.
Es schneite leicht, und meine Füße, die in Holzsandalen steckten, waren gefühllos bis zu den Knien hinauf. Ich dachte an meinen Vater und hatte ungeheure Sehnsucht nach ihm. Gewiss dachte meine Mutter auch an meinen Vater, denn ich sah ihre Tränen, die über ihre Wangen kullerten. Meine kleine Schwester Heidi, die noch ein Baby war, lag zu Hause in unserer zerbombten Wohnung und schlief mit meinem Großvater in den Ersten Weihnachtstag hinein. Beide dachten an nichts. Und ich träumte vom Christkind, das in dieser Nacht über die ganze Welt flattern musste, und wunderte mich im Stillen, dass es bei uns so sang- und klanglos vorbeigeflogen war ...

Der Faschingsdienstag war für uns Giesinger in meiner Barfußzeit einer der höchsten Tage im Jahr.
Erstens hatte die Schule an diesem Tag keine Bedeutung für uns, und zweitens war dieser Tag unser »Kriegstag« des Jahres. Das hieß, dass wir am Faschingsdienstag den angestauten Aggressionen eines Jahres freien Lauf ließen. An diesem Tag kämpften wir gegen die Untergiesinger!
Austragungsort war der Rundplatz der Giesinger Heilig-Kreuz-Kirche, der Giesinger Berg und das »Zickzackwegerl«. Am Faschingsdienstag brauchten wir bei unseren Prügeleien auch nicht auf unsere Kleidung Rücksicht zu nehmen, da wir alle in den abenteuerlichsten Masken steckten. Natürlich waren wir Jungens von der Obergiesinger Gemarkung ausschließlich Indianer und Trapper. Und die Steinschleuder ersetzte den Colt und war nicht weniger wirkungsvoll als dieser Schwarzpulverknaller der amerikanischen Pionierzeit.
Gleich nach der läppischen Schule trafen wir uns. Ich hatte im Gymnasium einige nette Freunde kennengelernt, die sich von den anderen Schlappschwänzen durch Tatkraft unterschieden. Zwei davon waren der »blonde Arnulf« und der »schwarzhaarige Buale«, die vom Regerplatz tagtäglich zu mir nach Giesing latschten.
Wir waren richtige Freunde geworden. Arnulf, Buale, Richard, Hans und ich waren sozusagen die »Gründungsmitglieder« unserer späteren »Giesinger Blase«.
Arnulfs Mutter betrieb am Regerplatz einen Stehausschank, und mein blonder Freund versorgte uns am Faschings-

dienstag immer regelmäßig mit einer Flasche gemopsten Eierlikör, der uns nach dem Genuss zu richtigen Kämpfern werden ließ.
Nun scheuten wir weder den bärenstarken Erich aus der Unteren Weidenstraße, der einige Jahre älter war als wir, aber immer noch in die fünfte Klasse ging, noch den schlagkräftigen Hausmeister aus der Cannabichstraße, dem wir regelmäßig nach Eroberung feindlichen Territoriums in den Hausgang unter die schwarze Tafel pinkelten. Wir fühlten uns wie Billy Jenkins und Hoppalong Cassidy, und ich fühlte mich ganz besonders wie der »Schwarze Zorro«, der mit Degen und Colt gegen seine schuftige Umwelt ankämpfte.
Aus diesem Grund hatte ich mir eine Mullbinde mit schwarzer Schuhcreme präpariert, mit zwei Löchern für die Augen und einem Gummiband versehen und mich somit zum Rächer der Enterbten gemacht. Ich fand, dass ich ungemein gefährlich aussah, und Arnulf und Buale bestärkten mich darin. Schon am Vormittag in der Schule hatten wir beschlossen, an diesem Faschingsdienstag dem bulligen Erich aus der Weidenstraße das Fürchten beizubringen. War der erst einmal geschlagen, hatte Untergiesing nichts mehr zu melden und bis in die Steinzeit hinein verschissen.
Wir konnten es kaum erwarten, in unsere Klamotten zu steigen. An diesem Faschingsdienstag war es erbärmlich kalt, und der gemopste Eierlikör vom Arnulf kam uns gut zustatten. Wir soffen die Flasche in raschen Zügen leer und machten uns zu fünft auf den Weg zum Giesinger Kirchhofplatz. Dort wimmelte es bereits von anderen Jungens aus der Umgebung, und jeder von uns fühlte sich mindestens so stark wie Ben Hur in seiner Glanzzeit.
Arnulf wollte sofort zum Angriff übergehen, doch Hans, Richard und ich beschlossen, zuvor noch einen Kriegsrat

abzuhalten. Buale war es egal; er war kalkweiß im Gesicht und fieberte darauf, richtig dreinschlagen zu können. Sein weißes Gesicht passte nicht gut zu seinen Indianerklamotten. An diesem Tag meinte es das Schicksal gut mit uns.
Noch inmitten unseres Kampfgesprächs stürmte Erich der Bulle mit einem guten Dutzend Untergiesingern den Giesinger Berg herauf, um die Entscheidungsschlacht seines Lebens zu schlagen. An der obersten Steinstufe des Kirchhofes sprang ihn Arnulf von der Seite an.
Erich schüttelte sich, und Arnulf klatschte in den Dreck. Drei, vier Jungens aus Untergiesing fielen über meinen blonden Freund her wie hungrige Wölfe. Nun begann die Sache ernst zu werden. Erich rannte mit gesenktem Kopf auf uns los. »Wie ein Bulle«, dachte ich für einen Augenblick, und ich sah sogar dampfende Wolken aus seinen Nasenlöchern entweichen. Da war er schon da.
Er hieb mir seine geballte Faust mitten ins Gesicht. Sterne begannen den Kirchhof auszufüllen, meine schwarze Zorromaske flog in den Dreck, und die auf meinem Gesicht verbliebene Schuhcreme verschmierte sich mit meinem Blut, das mir aus der Nase quoll. Verblüfft stellte ich fest, dass ich keinerlei Schmerz empfand, und die Sterne verflogen so rasch wieder, wie sie aufgetaucht waren.
Ich erhob mich noch etwas bedeppert, schüttelte mich und bemerkte Erich, der auf Richard und Buale zugleich kniete und beide mit seinen Abortdeckelfäusten bearbeitete. Hans befand sich inmitten des weiteren Getümmels und hatte selbst alle Hände voll zu tun.
Die jüngeren Jungs aus Obergiesing hatten sofort Fersengeld gegeben, als sie Erich mit seiner Bande heranstürmen sahen. So befanden wir uns in der Minderheit.
Ich ließ mir nun Zeit. Erich konnte mich nicht bemerken, da

ich hinter seinem Rücken wieder von den Toten auferstanden war. Vor mir auf dem Boden lag eine abgebrochene Zaunlatte. Irgend jemand musste sie wohl weggeworfen haben.
Ich bückte mich, hob die Latte auf, drehte mich zu Erich dem Bullen um und salzte ihm den Holzprügel mit aller Wucht auf seine zerraufte Birne. Es gab ein eigenartiges Geräusch, das mir durch den Magen fuhr. Erich japste nach Luft und fiel vornüber auf das roterhitzte Gesicht von Buale. Alle drei lagen still. Ich glaubte schon, Erich erschlagen zu haben, da bewegte sich dieser Koloss von einem Menschen schon wieder. Buale sprang in die Höhe und trat ihm versehentlich mit aller Wucht auf das linke Ohr. Nun wurde Erich wieder still. Richard, Buale und ich schleppten Erich zu einem Kastanienbaum hinüber und lehnten ihn mit dem Rücken an den Stamm. Dann verschnürten wir seinen Oberkörper zu einem Paket und kamen Arnulf und Hans zu Hilfe, die in starke Bedrängnis gerieten. Nun hatten wir leichtes Spiel. Wir verdroschen den Rest nach Strich und Faden und schlugen sie das Zickzackwegerl bis zur Cannabichstraße zurück.
Diesmal versäumten wir sogar, dem Hausmeister in den Hausgang zu pinkeln, so sehr machte uns unser totaler Sieg zu schaffen. Wir kamen uns wie die Helden der Prärie vor.
Erich der Bulle war besiegt!
Wir strebten zum Kirchhofplatz zurück, und Erich blickte uns mit angstvollen Augen entgegen. Der musste einen Schädel aus Granit besitzen. Wir nahmen ihm alles ab, was er bei sich hatte, sozusagen als Kriegsbeute, und befreiten ihn dann von seinen Fesseln. Vorsichtshalber nahm ich die Zaunlatte zur Hand, um für alle Fälle gerüstet zu sein. Doch Erichs Kampfwille schien restlos gebrochen zu sein.
Wir ließen ihn ziehen.
Am nächsten Tag in der Schule erfuhren wir dann, dass Erich

in der Nacht üble Kopfschmerzen bekommen hatte und in die Klinik eingeliefert wurde. Dort stellte man eine Schädelfraktur fest.
Es war nicht zu glauben, was dieser Kerl für eine Rübe hatte. Drei Wochen später sahen wir ihn schon wieder auf den Straßen rumrennen.
Verraten hatte er uns nicht. Das rechneten wir ihm hoch an. Seit diesem Faschingsdienstag gingen wir uns aus dem Wege.
Zehn- oder fünfzehn Jahre später traf ich Erich wieder. Er war zerlumpt und stinkbesoffen und schlief hauptsächlich unter der Isarbrücke oder im Obdachlosenheim an der Pilgersheimerstraße. Er war zu den Stadtstreichern und Pennern übergewechselt. Ich machte mir verspätete Vorwürfe, dass sein Gesinnungswandel vielleicht auf meinen Schlag mit der Zaunplatte zurückzuführen sei. Doch er schien glücklich zu sein. Was wollte ich mehr?

Mein Abgang vom Gymnasium war nicht gerade erhebend. Ich hatte die Schule einfach satt. Die ewigen Verweise hingen mir zum Hals heraus. Zumal sie diese Antipädagogen schon für eine Nichtigkeit ausstellten. Das war ihre Waffe. Und sie benützten sie, wo sie nur konnten. Außerdem glaubte ich fest daran, dass sie mir in der Schule nichts Wissenswertes mehr beibringen konnten. Was sie dort lehrten, war kalter Kaffee. Außer den Fremdsprachen, und auf die pfiff ich ohnehin.

Ich hatte keine Begabung, die Sprache eines anderen Landes zu lernen. Mir genügte Deutsch vollauf, und da stürzte ich mich satt hinein. Ich hatte mir längst meine eigenen Lehrer erwählt, die mir aus der Bibliothek meines Vaters entgegenlächelten. Hier konnte ich noch vieles lernen. Alles andere in der Schule war für mich dämliches Gequatsche, das sie obendrein noch für den Unterricht zurechtbogen und vergewaltigten. Danke bestens, ich hatte die Schule satt! Mit mir verzupften sich auch noch Arnulf und Buale.

Im letzten Halbjahr rauchten wir öffentlich auf dem Lokus und nahmen die Verweise lässig in Empfang. Sie bedeuteten nur noch Papier für uns. Die Professoren dampften vor Ärger, da wir selbst einen Direktoratsverweis vor ihren Augen zerrissen. Sie legten unseren Eltern nahe, uns aus der Schule zu nehmen. Das wollten wir ja, also passte die Sache doch ausgezeichnet.

Arnulf und ich machten uns zum Schluss nicht einmal mehr die Mühe, Schreibhefte und Bücher mit zum Unterricht zu

nehmen. Wir hockten in unseren Bänken und spielten während der Schulstunden »Steckschach«.
Wir waren schon kräftige Burschen, und Arnulf rasierte sich täglich. Keiner der Professoren wagte es, handgreiflich gegen uns zu werden. Sonst waren sie eigentlich nicht zimperlich. Den kleinen, schmächtigen Seehalter fotzte der Mathematikprofessor manchmal gehörig her. Der Seehalter hatte keine Chance, zumal sein Vater ebenfalls Professor war und nur einen strebsamen Schüler duldete. Der Sohn kam erst an zweiter Stelle. Für uns war Seehalters Vater ein Arschloch und sein Sohn nicht weit davon entfernt.
Arnulf ergriff oftmals Seehalters Partei, doch das nützte nicht viel, denn wenn wir den Unterricht schwänzten, verdrosch ihn der Algebra-Heini um so mehr. Es hatte also keinen Sinn. Wir überlegten hin und her, was wir dagegen unternehmen könnten, und eines schönen Tages überkam uns die erleuchtende Idee. Natürlich konnten wir Seehalter nicht einweihen, denn der Knabe wäre gewiss nicht standhaft geblieben und hätte uns bei der nächsten sich bietenden Gelegenheit verpfiffen. Nicht mutwillig, so viel kannten wir ihn, sondern aus Schiss.
Also gingen wir die Sache alleine an.
In unserer Schule, links neben dem Eingang, befand sich ein Radeinstellraum. Doktor Stieglitz, der Mathematik-Professor, stellte dort täglich seinen Drahtesel unter. Es war ein altes Sportrad aus Großvaters Zeiten, dennoch stellte es zu jener Zeit einen wertvollen Gegenstand dar. Das Rad war bestens gepflegt, und die Chromfelgen blitzten nur so.
Doktor Stieglitz fuhr täglich nach Schulschluss den Gebsattelberg hinunter nach links zum Maria-Hilf-Platz vor und dann weiter stadteinwärts. Das wussten wir. Er war ein beständiger Radfahrer. Und nicht nur auf seinem Drahtesel!

Ich weiß heute nicht mehr genau, wer auf die fast schon verbrecherische Idee kam, Arnulf oder ich, jedenfalls sägten wir fein säuberlich seine Vorderradgabel mit einer Laubsäge an und verschmierten die Schnittstellen mit Dreck und Schmiere. Es war nicht das Geringste zu erkennen.

Die Osterferien waren vorüber, und wir wollten unserem Schulkameraden Seehalter noch einige »stieglitzfreie« Wochen verschaffen. Unser Abgang war ohnehin schon programmiert. Damit kein Verdacht auf uns beide fallen konnte, schwänzten wir die Schule nach den Osterferien noch kräftig und warteten auf den Tag des Sturzes dieses verhassten Mathematik-Professors. Anscheinend hatten wir die Gabel nicht tief genug angesägt, denn Doktor Stieglitz fuhr täglich ohne Komplikationen den Gebsattelberg in halsbrecherischem Tempo hinunter.

Wir waren schon nahe dran, uns etwas anderes auszudenken, als wir eines schönen Tages erfuhren, dass Doktor Stieglitz einen üblen Radunfall hatte und in die Klinik Rechts der Isar eingeliefert worden war. Er hatte sich bei seinem Sturz das linke Schlüsselbein und drei Rippen gebrochen.

Nun gingen wir wieder zum Unterricht.

Der kleine Seehalter blühte sichtlich auf.

Das war unser Abgang vom Gymnasium, und Arnulf und ich waren derselben Meinung, dass er eigentlich recht spektakulär war, ohne dass irgend jemand je etwas erfuhr davon. Jeder Mensch hatte das Recht, sich für Ungerechtigkeit zu rächen. Warum also wir nicht auch?

Leider mussten wir später erfahren, dass es der kleine Seehalter nicht wert gewesen war, dass wir uns für ihn eingesetzt hatten. Er ging nämlich zum Finanzamt und wurde ein großes Steuer-Tier.

Professor, wie sein Vater, wurde er nicht.

Er rächte sich eben auf seine Art an seinen Mitmenschen. Und gerade Arnulf musste es treffen, der sich am meisten für ihn eingesetzt hatte. Sein Steuerberater hatte eine Kleinigkeit vergessen, doch Seehalter fand sie heraus. Das kostete meinen Freund fünfzehntausend Mark Nachzahlung. Sie erwischen immer die Kleinen, davon leben sie. Von den großen Steuerbetrügern werden sie nicht fett. Das sind clevere Burschen, die nie ertappt werden. Arnulf und ich überlegten lange, ob wir die Spurstange von Seehalters Mercedes ansägen sollten? Doch wir waren beide schon ein bisschen zu alt dazu.
Und vielleicht hatte der kleine Seehalter seinen einstigen Schulkameraden Arnulf schon längst vergessen? Wie das eben so läuft im Leben.
Arnulf erzählte mir, dass der kleine Seehalter hart und verdrossen, mit sich und der Welt unzufrieden, tagtäglich hinter seinem großen Schreibtisch im Finanzamt hockte und auf seine Pension hinarbeitete. Zu mehr reichte es bei ihm nicht, trotz glänzendem Abiturabschluss.
Wir lachten über unsere »Spurstangen-Ansägegedanken«, und Arnulf bestellte zwei Whisky.
Er verdiente immer noch ganz gut. Seit fünf Jahren leitete er ein Transport-Unternehmen.

Yeah«, sagten wir alle, »well« und »come in«, so wie wir es von Eroll Flynn, Hoppalong Cassidy und Red Granger gehört hatten.
John Wayne, Burt Lancaster und Paul Newman kamen erst später. Und natürlich sagten wir nach jedem Satz: »o.k.«!
Wir wussten über Gary Cooper weit besser Bescheid als über Ludwig Thoma.
Zane Grey und Max Brand, die amerikanischen Wildwestschriftsteller, sagten uns bedeutend mehr als Ludwig Ganghofer und Georg Queri. War ja schließlich klar: Die Amerikaner versorgten uns mit ihren Filmen, die mindestens dreimal während der Vorstellung rissen und mit deutschen Untertiteln versehen waren. Die Grammatik dieser Untertitel war haarsträubend, und ich bin heute heilfroh, die deutsche Sprache durch diese idiotischen Untertitel nicht völlig verlernt zu haben.
Der ohnedies schon fragliche Jargon unseres Giesinger Randsteindialektes wurde durch diese Filme noch gehörig aufgemöbelt. Und wir waren alle stolz darauf, so zu reden wie unsere Cowboy-Filmhelden, die mit silbernen Colts wild herumballerten und gegen alles kämpften, was dem Sternenbanner nicht zuträglich war.
Wir verließen jede Vorstellung im lässigen Cowboygang, die Hände tief an den Hüften und mit trotzigem Billy-Jenkins-Blick, der bis zu den Rocky Mountains reichte.
Mein Gott, wir fühlten uns als Helden und als Verteidiger unseres fünf Quadratkilometer großen Vaterlands.

Wo sollten wir sonst unsere Vorbilder und unsere Helden suchen? Vielleicht in Sibirien oder in der Normandie?
Das waren keine Helden, sagte man uns, das waren Idioten, die ihr Leben für einen irrsinnigen Spinner hingegeben hatten. Und wir glaubten ihnen.
Die Erwachsenen, die doch viel, viel gescheiter als wir sein mussten, wussten doch, wo es lang ging. Also suchten wir unsere Helden in den Reihen der kaugummikauenden Eroberer oder Befreier, wie sie damals genannt wurden.
Wir hätten zehn Jahre unseres Lebens für einen silbernen Kapsel-Colt gegeben, der in den shakespearedicken Warenhauskatalogen des fernen Wunderlands Amerika für fünfzig Cents zu haben war. Schon für einen solchen Katalog riskierten wir Prügel, Verweise in der Schule und Ausgangssperre von unseren Eltern.
Wir klauten sie den amerikanischen Familien in Harlaching aus den Briefkästen oder aus unverschlossenen Amischlitten. Wie gesagt, wir wollten wenigstens sehen, was es in der unendlich großen Welt alles zu kaufen gab. Und es gab wirklich alles. Wir konnten es nicht fassen.
Die Boys und Girls aus den amerikanischen Siedlungen, die in Rekordzeit inmitten des Perlacher Forsts entstanden waren, besaßen einfach alles, wovon wir nur lüstern träumen konnten: Fahrräder, die wie Motorräder aussahen, mit ledernen Satteltaschen daran und chromblitzenden Rückspiegeln, Rodelschlitten, die Anderl Ostler das Wasser im Munde zusammenlaufen ließen, Hockey-Schlittschuhe und Indianergewänder aus weißem Leder mit Perlenstickerei.
Wir hielten diese Jungens für die Söhne von Göttern, und die Girls für waschechte Prinzessinnen.
Wenn wir mit unseren angeschraubten Schlittschuhen, die wir »Absatzreißer« nannten, an Post und Milchautos hingen

und uns über die Straßen ziehen ließen, schlossen wir die Augen und träumten davon, über spiegelglatte Eisflächen in Original-Hockey-Schlittschuhen zu flitzen. Unsere Träume endeten spätestens dann, wenn wir auf einen Gullydeckel fuhren und uns die Schlittschuhe mitsamt den Absätzen weggerissen wurden. Unsere Eltern verabreichten uns gehörige Prügel, die uns die Schmerzen unserer Gullydeckelstürze rasch vergessen ließen.
Doch das änderte nichts daran, dass wir tagtäglich, wenn es die Witterung erlaubte, auf unseren rostigen Eiskratzern über die Straßen sausten.
Wir mussten oft stundenlang warten, bis endlich ein Holzgaser vorbeikam, an den wir uns anhängen konnten.
Wir hingen meistens in solcher Anzahl an diesen rachitischen Wagen, dass sie schließlich nicht mehr genügend Kraft besaßen, um vorwärts zu kommen.
Sie hielten an, und wir hatten einen erneuten Feind: den Fahrer, der lauthals fluchend aus der Kabine stürzte und rücksichtslos auf uns einschlug, wenn wir nicht rasch das Weite suchten. Hier bewährten sich die besten Schlittschuhläufer. Stürzte einer von uns Jungens, war es um ihn geschehen.
Schon in dieser schadhaften Zeit, die eigentlich meine war, gab es Sadisten. Einer von ihnen war der Fahrer vom Kohlen-Huber, der allerdings ein gutes Jahrzehnt später seine gerechte Strafe einkassieren musste.
Er stürzte, betrunken vom Nockherberg kommend, in den Auermühlbach und ersoff darin. Als ich den Vorfall in der Zeitung las, lachte ich den Passanten in ihre verblüfften Gesichter. Ich fand, dass die natürliche Gerechtigkeit weitaus gerechter war als diejenige, die im Justizpalast lauthals verkündet wurde.
Der Fahrer vom Kohlen-Huber war ein ausgemachtes Schwein

gewesen. Er hatte einen Freund von mir auf seinem schurkischen Gewissen.
Als wir nämlich wieder einmal an seiner Karre mit unseren Schlittschuhen wie die Kletten hingen, bremste er ab, schaltete, um wie wir glaubten besser vorwärts zu kommen, blieb jedoch völlig stehen und fuhr dann mit Vollgas zurück. Alle kamen wir davon, bis auf den Kreuscher Kurt.
Dieser hing genau hinter dem rechten Hinterrad und konnte nicht mehr rechtzeitig zur Seite springen. Der schwere Laster fuhr ihm genau über den Bauch.
Der Kurt lebte noch und wollte davonkriechen, so sehr fürchtete er sich vor dem Fahrer. Doch auch dieser Fluchtversuch glückte ihm nicht mehr. Er starb zwischen Randstein und Fahrradweg.
Den Fahrer treffe keine Schuld, stellte das Gericht fest, doch wir wussten am besten, dass diese Kohlen-Huber-Sau mit Absicht zurückgefahren war.
Wir ballten unsere kleinen Fäuste und schworen ihm Rache. Doch die »Gerechtigkeit des Lebens« nahm uns unseren Schwur nach einigen Jahren ab.
Wer von Ihnen, liebe Leser, nicht begreifen kann, dass ich ein gutes Jahrzehnt später über den Tod dieses Schurken nur lachen konnte, muss ein Herz aus Stein in der Brust mit sich herumschleppen. You know?

Als der Krieg begann, war ich drei Jahre alt. Als er zu Ende war, neun. Als die Währungsreform die kaputte Reichsmark endlich aufmöbelte, war ich bereits zwölf Jahre alt. Zwei Jahre später hatte ich mein erstes Liebeserlebnis mit einer so genannten Amischlampe in unserer Giesinger Kiesgrube, und dieses Erlebnis endete natürlich mit einem Fiasko. Das war der Beginn der fünfziger Jahre, die man in etwa den zwanziger Jahren dieses Jahrhunderts gleichstellen kann. Ich war neunzehnhundertfünfzig vierzehn Jahre alt und ein ziemlich frühreifes Früchtchen, das soeben mit der Lehre begann. Einige Jahre Gymnasium hatten mir genügt; mein Vater konnte nach der Währungsreform die zwanzig Deutsche Mark Schulgeld im Monat nicht mehr aufbringen. Mir war es Recht. So erlernte ich eben einen Handwerksberuf, den ein berühmter Münchner lange Jahre vor mir auch schon erlernt hatte. Und dieser Mann hieß Fraunhofer.

Ich war damals glücklich, überhaupt eine Lehrstelle zu ergattern. Im ersten Halbjahr verdiente ich null Mark. Im zweiten Halbjahr wurde es etwas besser und ich zog fünfzehn Mark im Monat an Land. Große Sprünge konnte ich damit nicht machen.

Doch ähnlich wie mir erging es allen meinen Freunden. Geld hatten wir so gut wie nie. Doch einen ungeheuren Appetit auf das süße Leben!

Jeder von uns schleppte das Bild eines Mädchens in der Kunstlederbrieftasche mit sich herum, und im Klo der Berufsschule schacherten wir mit nackten Mädchen aus dem amerikani-

schen Playboy-Magazin. Unsere Fantasie war grenzenlos, wenn wir die nackten Papierschönheiten betrachteten.
Wir hatten einen Verbündeten: unseren Lehrer in Optik, Mathematik und Physik. Er war etwas über vierzig Jahre alt, aus dem Krieg mit einem Arm zurückgekehrt und streng verheiratet. Diesen Lehrer werde ich nie vergessen, da er als der einzige aller meiner Lehrer die Bezeichnung »Lehrer« kompromisslos verdiente! Er hatte Verständnis für uns junge Bengels, die im Überschwang ihrer jugendlichen Gefühle oftmals nicht zu bändigen waren.
Alles in uns drängte zur Tat. Man nannte uns Halbstarke, doch wir fühlten uns stärker als manche Erwachsene, die uns in vielfacher Beziehung oftmals grauenhaft enttäuscht hatten. Wir zweifelten ihre geltende Moral an, ballten die Fäuste gegen ihre Autorität und vor allen Dingen:
Wir glaubten ihnen nicht mehr! Mit wenigen Ausnahmen.
Und eine dieser Ausnahmen war unser Berufsschullehrer.
Er brachte uns die schärfsten Playboy-Bilder mit, rauchte mit uns in der Pause Amizigaretten und lud uns sogar hin und wieder nach dem Unterricht zu einem Topf Bier ein. Wir alle standen auf ihn wie auf den großen Manitou und glaubten ihm sogar die Gesetze der Physik. Er sagte uns, dass Rauchen auf Dauer ungesund sei, dass aber so vieles im Leben ungesund sei, dass es darauf auch nicht mehr ankomme. Dieser Logik konnten wir natürlich nicht widersprechen, zumal auch er bis zu vierzig Zigaretten am Tag verputzte und ein kleines Vermögen in den blauen Dunst investierte. Trotzdem besaß er ein Häuschen in der Dachauer Gegend.
Er hatte auch Verständnis dafür, dass wir über sexuelle Dinge nicht nur reden wollten. Und er fand, dass dies in unserem Alter ganz natürlich sei.
Er verabscheute gleich uns die verqueren Moralprediger, die

Enthaltsamkeit bei Frauen predigten und im Keller beim Kohlenholen in eine dunkle Ecke onanierten.
Wir verstanden uns mit unserem Lehrer prächtig, da er ganz einfach ein ehrlicher und verständnisvoller Mann war. Ich denke sogar heute, dass diese Berufsschuljahre für mein späteres Leben sehr wichtig gewesen sind. Es ist ein Trauerspiel, dass solche Pädagogen so rar gesät sind.
Er brauchte uns nie zum Lernen zwingen; wir schrieben bei ihm die besten Zensuren, ja wir legten sogar einen gewissen Ehrgeiz an den Tag, in seinen Fächern am besten abzuschneiden. Nach der Abschlussfeier quetschten wir ihm alle seine unversehrte Hand, und keiner von uns Halbstarken konnte vor Rührung ein vernünftiges Wort quatschen.
Wir legten unsere lausigen Kohlen zusammen und luden unseren Lehrer in die kleine Kneipe an der Nymphenburger Straße ein, die wir im Laufe der Jahre zu unserem »Nachunterricht« bestimmt hatten.
Damals marschierten noch die leichten Mädchen die Nymphenburger Straße rauf und runter und schluckten bisweilen einen heißen Kaffee in unserer Kneipe. Einige davon kannten wir ganz gut. Natürlich auch unser Lehrer.
So wurde die Abschlussfeier doch noch zu einem vollen Erfolg, und um zehn Uhr abends waren wir voll, obgleich wir fast nichts getrunken hatten. Ich kann mich nur noch daran erinnern, dass ich der »blonden Helga« ihren Kaffee aussoff und ihr mit meinen Pfoten am Busen rumfummelte. Unser Lehrer lachte, bis ihm die Tränen kamen. Dann rannte ich auf den Lokus zum Kotzen, und anschließend löste sich unsere Runde allmählich auf.
Ich ging zu Fuß nach Giesing heim, da ich keine zwanzig Pfennig mehr für die Straßenbahn besaß. Am liebsten wäre ich natürlich mit der blonden Helga auf ihre Bude gelatscht,

doch diese Früchte hingen für mich noch etwas zu hoch, da mir zur Zeit noch das »Pulver« dazu fehlte.
Ich nahm mir im Stillen vor, rasch zu Geld zu kommen, um das Versäumte reichlich nachholen zu können. Als junger Mensch hat man eben noch Träume.
Wer kann das nicht verstehen?

Die Währungsreform lag bereits drei Jahre zurück. Es gab wieder alles zu kaufen, was das Herz begehrte. Seit drei Jahren entwickelte sich allmählich ein so genanntes Wirtschaftswunder.

Der ehemalige Oberbürgermeister von Köln, Konrad Adenauer, war der Mann der Stunde.

Man kann natürlich darüber geteilter Meinung sein, doch ich glaube, dass ein Aufstieg nach einem totalen Niedergang weitaus leichter zu bewerkstelligen ist, als einen erreichten Lebensstandard über Jahre hinaus beizubehalten. Jedenfalls wurden wir allmählich amerikanisiert. Es tat uns allen gut. Kaufhäuser öffneten ihre Pforten, Supermärkte nach amerikanischem Vorbild schossen überall aus dem Boden, und clevere Geschäftsleute konnten mit Krediten ganze Ländereien erwerben. Die Deutsche Mark gewann auf der ganzen Welt wieder Ansehen.

Josef Neckermann legte den Grundstein für sein späteres Imperium. Er hatte Mut, Entscheidungskraft und Selbstbewusstsein. Und natürlich Bankkredite!

Die ersten Evakuierten zogen in ihre Stadt zurück, und jeder, der noch über zwei Hände verfügte, begann mit diesen Händen Mörtel anzurühren und Ziegelstein auf Ziegelstein zu setzen. Die »Münchner Alpen« entstanden aus dem Schutt einer demolierten Stadt. Bauunternehmer hatten ihre Gustav-Gans-Tage.

Es gab wieder echte Lederschuhe, Nylonstrümpfe mit schwarzer Naht und Stickereien an den Knöchelseiten und Kammgarnanzüge. Ferdinand Porsche brachte einen Sportwagen auf den Markt, der jedem das Wasser im Hintern zusammenlaufen ließ.

Jazz war die Musik jener Tage, und Glenn Miller und Benny Goodman die beliebtesten Interpreten davon, Boogie Woogie wurde getanzt, zu dem wir Halbstarken auch Jitterbug sagten. Wir tranken unverzollten amerikanischen »Four-Roses-Whisky« und smokten Philipp Morris dazu.

An jedem Kiosk wurden Berge von Schokolade der verschiedensten Sorten angeboten. Kaugummi, Minzenkugeln und Kokosflocken waren die bevorzugten Süßigkeiten, wenn wir ein Mädchen umlegen wollten. Und vielleicht noch eine Kinokarte dazu. Natürlich Rasierplatz! Denn »sie tanzte nur einen Sommer«!

Max Greger gründete seine Band, die sich Enzian-Sextett nannte und spielte an den Wochenenden im Salvatorkeller amerikanische Schlager im Glenn-Miller-Sound.

Rundherum war alles happy, obgleich wir noch immer kein Geld besaßen und uns mit fünf Mark Wochenlohn durchzuschlagen versuchten. Es ging ganz leidlich; wir schacherten mit den Amis.

Jedes Wochenende waren wir beim Tanzen in irgendeinem Bierkeller von München.

Die »Travellers« spielten da, Max Greger spielte dort, es war überall etwas los. Und wir tanzten wie die Wilden auf unseren »Bab-Schuhen«, die mit drei zwiegenähten Sohlen der absolute Abschuss waren.

Alles hieß zu meiner Zeit »Bab«, selbst die Hemden, die Krawatten und die Sakkos. Wir leiteten dies von Bebop ab.

Unsere Hosen hatten einen siebzehner Schlag und neun Zentimeter hohe Stulpen. Wir sahen in unseren sauer verdienten Klamotten einfach Klasse aus.

Für ein Salz-und-Pfeffer-Sakko auf einen Knopf und mit auswattierten Schultern sparte ich fast ein volles Jahr.
Wir hätten unsere Schale unter der Woche am liebsten in einen Banktresor zur Aufbewahrung gegeben. So wertvoll war sie uns.
Wenn wir in eine Schlägerei verwickelt wurden, zogen wir uns vorher fast bis auf die Haut aus, nur damit unsere Kleidung keinen Schaden nahm.
Wir gaben schwer an vor unseren Mädchen und trugen breitkrempige Hüte.
Das war die Zeit, als sich unsere Giesinger Blase allmählich zu entwickeln begann, die später bis nach Grünwald gefürchtet war. Wir rauften in der Bergstube mit den Amis wegen Nichtigkeiten, bis die Militärpolizei zusammen mit unserer Funkstreife erschien. Dann später in solidarischem Einverständnis gegen die gemischten Polypen.
Bullen sagten wir nie, wir waren schließlich keine Gangster. Wir hatten nur zu viel Kraft, und die mussten wir los werden. Ein Pubertätsmerkmal aller Jugendlichen.
Mit blauen Augen und faustgroßen Beulen auf den Birnen kamen wir uns wie Helden vor, die gegen die Obrigkeit aufgemuckt hatten.
Dass sie uns aber so verdroschen, dass wir nur noch auf allen vieren aus den Kneipen kriechen konnten, gaben wir natürlich niemals zu.
Unser Stolz war nach jeder Prügelei ungebrochen.
Auf der längst zugeschütteten Kiesgrube bauten sich die ehemaligen Kiesgruben-Krattler kleine Häuschen, und nebenan errichtete die Post Wohnblöcke für ihre Angestellten. Viele junge Burschen waren unter den Mietern. Unsere Blase begann zu wachsen.
Wir trafen uns täglich an der Mauer, die den Block der Per-

lacher Straße mit dem Block der Untersbergstraße verband. Dort saßen wir stundenlang mit unseren Mädchen, hörten Glenn Miller auf einem alten Grammophon und rauchten jeweils zu viert eine Zigarette dazu. Es war die Zeit, als man am Kiosk noch Zigaretten einzeln erstehen konnte und sich kein Mensch dabei was dachte. Vier Stück waren in einer Packung, dann sechs Stück und schließlich zehn.

»Gloria« und »Supra« hießen die ersten deutschen Filterzigaretten. Doch die meisten Leute rauchten »Zuban«.

Die Ruinen verschwanden eine nach der anderen. Trotzdem blühte die Wohnungsnot an allen Ecken und Enden. Die Zuwanderung nach München war hoch.

Hinzu kam, dass sich viele Flüchtlinge und Heimatvertriebene ein neues Leben in München aufbauten. Wir waren jung, uns bekümmerte das wenig. Und ständig waren wir verliebt. Und meistens in dasselbe Mädchen. Natürlich holte sich keiner dabei von uns einen Preis. Doch wir waren alle zu dämlich, um dies zu begreifen.

Mein Gott, waren wir dämlich!

Ich wuchs in einer Zeit auf, als die Prostituierten in der Sendlinger Straße, die zwischen dreißig und fünfzig Jahre alt waren, einen Jungen wie mich noch für fünf lumpige Mark mit hinauf in ihre Bude nahmen.
Was ich dort anstellte, spottete jeder Beschreibung. Von Beischlaf konnte keine Rede sein. Ich sammelte die ersten Erfahrungen.
Trotzdem war ich immer ungeheuer aufgeregt vorher. Und nachher gab ich bei meinen Freunden schwer an.
Wir gingen oft rudelweise in die Sendlinger Straße, wenn wir gerade einmal gut bei Kasse waren.
Anita hieß eine von ihnen. Sie mochte damals vielleicht Mitte Dreißig sein, hatte lange, schwarze Haare und einen Busen, der wie ein Gewitter in der Luft hing.
Sie war eine geborene Münchnerin, und ihr Dialekt schwankte zwischen Karl Stieler, Fanny Hill und der Mutzenbacher. In ihren barocken Formen glich sie einem Puttenengel aus der Werkstatt Ignaz Günthers.
In sie waren wir alle verliebt.
Wir hatten ungeheuren Respekt vor ihr, das heißt, wir trauten uns nicht an sie heran. Irgendwie war sie eine Schönheit.
Meine Freunde und ich vernaschten ihre Kolleginnen, doch insgeheim träumten wir von Anita.
Eines schönen Tages, als ich für meine Großmutter im Milchgeschäft Heidacher den Wochenendkram einkaufte, sah ich Anita im überfüllten Milchladen stehen.
Vor Schreck hätte ich beinahe das Knödelbrot fallen lassen.

Auch sie hatte mich erkannt und lächelte mich an. Vertraulich rammte sie mir ihren Zeigefinger in den Bauch und sagte: »Hallo, Kleiner, wie geht's dir?«
Ich stammelte irgendeinen Blödsinn, bezahlte die Fressalien, um rasch mit ihr auf die Straße zu kommen.
»Hilfst du mir das Zeug heimschleppen«? fragte sie mich, und keine Antwort abwartend, hängte sie mir ihr Einkaufsnetz über den Arm.
Ich war so verdattert, dass ich wie ein Lamm neben ihr hertrottete. »Mein Mann hat heut' Samstagsdienst. Er arbeitet bei Zuban. Wenn du willst, kannst du bei mir bleiben.«
Ich dachte rasch an die Semmelknödel meiner Großmutter, und das Knödelbrot, das ich mit mir rumschleppte, erinnerte mich, dass sie ja eigentlich der Prostitution nachging, dachte kurz an ihren Mann, und schon waren wir in ihrer Wohnung. Scheiß-Semmelknödel, die können warten!
So eine pieksaubere Wohnung hatte ich noch nie betreten. Ich kannte solche Möbel nur aus dem Neckermann-Katalog. Nierenförmige Resopal-Tischchen, glockenblumenförmige Stehlampen und großkarierte Tapeten an den Wänden. Das war ein echter Luxus zu jener Zeit. Verdammt, das konnte ihr Mann doch unmöglich beim Zigarettendrehen verdienen! Also stammte das ganze Zeug aus ihren Puff-Erträgen. Mir wurde schwindlig dabei, wenn ich mir die Männer vorstellte, umgerechnet auf fünf Mark pro Mann! Anita lächelte. Anscheinend hatte sie meine Gedanken erraten.
»Ich hab' auch gute Kunden. Die nicht geizig sind«, sagte sie lächelnd und reckte mir ihren Gewitterbusen entgegen. Ich glaubte ihr das ohne Einwände.
»Na, was ist, Kleiner, zieh dich schon aus, du willst doch mit mir schlafen, oder nicht?« Ich wurde feuerrot und nestelte idiotisch an meinen Hemdknöpfen herum.

»Keine Angst, du brauchst nichts bezahlen«, sagte sie lachend, und das machte mich noch verlegener.

Am liebsten wäre ich zu meiner Großmutter heimgelaufen und hätte ihr das Knödelbrot gebracht. Ich hatte eben zu wenig Erfahrung.

Anita kam mir vor wie ein Wesen aus einer anderen Welt. Ich wusste nicht, was ich tun sollte. Sie hielt mir ein Präservativ hin und sagte:»Magst du mit dem?«

Ich schüttelte den Kopf und legte das Gummiröllchen auf die Anrichte zurück. Dann zog sie sich aus. Den schwarzen Strapsgürtel behielt sie an.

Als ich sie küssen wollte, drehte sie den Mund zur Seite.

»Nicht alles auf einmal, Kleiner«, sagte sie und lachte mich an. Dann zog sie behutsam alle Register ihres Könnens und ich wurde innerlich um drei bis vier Jahre älter dabei.

»Das glaubt mir kein Schwein«, dachte ich und rammelte wie ein Berserker auf ihr herum, »das nicht!«

Da wohnte unser Götterweib in Giesing und keiner von uns hatte sie je zu Gesicht bekommen. Nur dem glücklichen Umstand des Knödelbrotkaufens verdankte ich es schließlich, bei Anita fündig geworden zu sein. Wie würde der Ossi staunen, wenn ich ihm die Story auftischte! Er stand wie eine Eins auf den barocken Laternenengel.

Verwirrt, glücklich und immer noch unzufrieden verließ ich Anita nach einer halben Stunde und vergaß natürlich prompt mein Knödelbrot bei ihr.

Im Wickelschurz lief sie mir auf die Straße nach und übergab mir das Vergessene.

Als ich bei meiner Großmutter auf das Klo ging, bemerkte ich, dass ich mir an Anitas Strapsgürtel den ganzen Bauch aufgescheuert hatte. Ich hätte ihn ihr abnehmen sollen. Das nächste Mal tu ich's.

Es gab noch viele »nächste Male«, und der Samstagvormittag wurde für mich zum schönsten Tag der Woche.
Endlich hatte ich einmal Glück. Und obendrein noch eine Menge Zuban zum Rauchen!
Die brachte ihr Mann von der Fabrik mit. Ich verliebte mich bis über beide Ohren in Anita und wollte sie unbedingt heiraten.
Wie gesagt, ich war damals noch ein dummer Junge. Doch das gefiel ihr so an mir.
Unser Verhältnis dauerte ein ganzes Jahr lang. Dann hatte sie sich ein Häuschen in Otterfing eingebumst und zog aus.
Schade, nun hatte ich auch die Lust zum Knödelbroteinkaufen verloren.

»Giesinger Mauer-Blase«:
Fasching bei Burli Meier, 1954

Unsere Giesinger Bande, Gang oder besser »Blase« genannt, umfasste fünfundzwanzig Mann.
Alle davon einzeln aufzuzählen, ihre Fähigkeiten und Charaktereigenschaften zu beschreiben, hieße einen Roman über fünfhundert Seiten zu beackern.
Wir waren bekannt wie die bunten Hunde.
Kein Gartenfest wurde abgehalten, bei dem wir nicht solidarisch aufkreuzten. Es endete fast jedes in einer Schlägerei. Nicht weil wir es darauf angelegt hatten, sondern weil es sich einfach immer so ergab.
Wenn wir rauften, floss natürlich auch Blut. Aber nur von unseren Fäusten. Fahrradketten, Schlagringe und Springmesser hatten wir nicht nötig. Wenn wir einen damit erwischten, prügelten wir ihn windelweich. Das gehörte zum ungeschriebenen Giesinger Ehrenkodex.
Dennoch waren wir überall gefürchtet. Oder vielleicht gerade deshalb. Alle wussten, dass wir ganz nett hinlangen konnten! Unser Fortbewegungsmittel hatte keinen Motor unter dem Sattel, sondern nur ein Tretlager mit zwei Pedalen daran. Doch auch diese Zweiräder hießen »Maschinen«, und es waren auch welche! Geizig zusammengespart und liebevoll zusammengebaut. Was man heute als Rennrad bezeichnet, hätten wir zu unserer Zeit nur lässig belächelt. Der Abstand zwischen Vorderrad und Rahmen durfte höchstens eineinhalb Finger breit sein. Und der Abstand zwischen Hinterrad und Rahmen allerhöchstens nur so weit, dass man einen Daumen mühsam hindurchquetschen konnte. Die Muffen mussten

handverlötet sein und die Schlauchreifen durften nur eine Breite von zwei Zigaretten aufweisen. Wenn wir mit unseren Maschinen, zwanzig Mann hoch, über die Straßen flogen, blieb kein Auge trocken. Wir fuhren an schönen Tagen, nach getaner Arbeit abends noch rasch zum Tegernsee hinaus, tranken in einem Biergarten eine Radlermaß und poolten anschließend wieder heim. Das machte Spaß!

Samstag-Sonntag jagten wir wiederholt zum Bodensee hinunter und wieder zurück.

Die Dolomiten kannten wir in und auswendig, aber von den Sätteln unserer Rennmaschinen aus. Nur derjenige hatte eine Chance, in unsere Blase aufgenommen zu werden, der auch strampeln konnte und gute Kondition aufwies.

Eine Rennmaschine kostete Anfang der fünfziger Jahre ungefähr drei bis vierhundert Mark. Das entspricht heute in etwa dem Zehnfachen. Wir sparten wie die Irren darauf! Wir aßen nichts und kauften uns dafür lieber eine neue Felgenbremse. Natürlich in Alu und von einem französischen Hersteller.

Wenn wir gut gestimmt waren, durften unsere Mädchen, vorne auf der Stange, mit uns zum Georgenstein hinaus zum Baden mitfahren. Sie klagten niemals über Sitzbeschwerden, sondern waren unheimlich stolz darauf, auf unseren Maschinen mitfahren zu dürfen. Um unsere Girls ein bisschen anzuheizen, veranstalteten wir unterwegs Kurzstreckenrennen, und der Sieger konnte gewiss sein, von seinem Mädchen anschließend hinter einem Busch in den Isarauen seinen gerechten Siegerlohn einkassieren zu können.

An einem Sonntagnachmittag beim Georgenstein, der von wilden Isarstrudeln umzüngelt wurde, vertauschte ich in einem Gebüsch meinen Stammzahn »Lilian« gegen die Erika, mit der anscheinend mein Freund Hans nicht mehr zufrieden war. Der Tausch tat uns beiden gut!

Ich erinnere mich noch heute an den Geschmack ihrer Lippen, die nach Minzenkugeln schmeckten, so frisch und jungfräulich. Ich schmatzte ihr Küsse gierig in mich hinein. Die Erika liebte ich sehr und ich war richtig traurig darüber, als sie den Untermieter ihrer Eltern heiraten musste, weil sie ein Kind von ihm erwartete.

Sie zählte damals knapp sechzehn Jahre.

Und der Wildbahner, der später ihr Mann wurde, war doppelt so alt! Anfangs glaubte ich sogar, dass das Kind vielleicht von mir sei. Doch als es zur Welt kam, hatte es die nämlichen roten Haare wie der Untermieter, der sein junges Weib schon bald nach der Ehe zu verprügeln begann.

Mir tat die Erika richtig Leid. Später sah ich sie wieder, als ich bereits selbst schon lange in festen Händen war.

Sie war geschieden, und der Bub, den sie an der Hand führte, hatte dasselbe Aussehen wie sein Untermietervater und auch den gleichen Charakter. Er spuckte mich sofort an. Dafür versetzte ich ihm einen Tritt in seinen Fettarsch, als er an der Hand seiner Mutter davontrottete. Er fing zu weinen an, und ich grinste ihm ins Gesicht. Erika lachte dröhnend und zog den Bengel mit sich fort. Ich fand sogar, dass sie ihn ausgesprochen lieblos mit sich fortzerrte. Mir war es egal. Ich ging zu meiner Frau nach Hause und sah mir meine beiden Jungens genau an. Doch sie glichen mir, wie ein Ei dem anderen.

Ossi hatte zu mir einmal gesagt: »Wir Männer müssen immer glauben, dass es unser Kind ist. Nur die Weiber wissen es ganz bestimmt!« Ich hatte an diese Worte denken müssen. Die Welt war schlecht. Doch ich war beruhigt.

Es war an einem Freitagabend im Frühling. Wir trafen uns wie üblich an der Mauer. Die Blase war fast vollständig versammelt. Und alle hatten wir ausnahmsweise Geld im Sack. Wir waren »gespickt«, wie wir das damals nannten. Das hieß, dass jeder von uns über einen Zehner verfügen konnte. Eine Unmenge Geld, uns schwindelte fast davor.

Wir waren uns alle einig, ein »Fass« aufzumachen. So sagten wir, wenn wir etwas unternehmen wollten. Und obendrein winkte uns ein Wochenende.

Wir hatten zwei Stammkneipen: die eine davon nannte sich »Gaststätte Walchensee«, und die andere hieß »Bergstube«. Letztere befand sich an der Bergstraße, einige hundert Meter neben dem Zickzackwegerl, das Ober- mit Untergiesing verband und das einstmals heiß umkämpftes Bubenland gewesen war.

Hermann hieß der Wirt von der Gaststätte Walchensee, und Leni seine Bedienung. Er war ein feiner Kerl und hatte für uns Halbstarke vollstes Verständnis. Ich kann mich nicht entsinnen, dass wir ihm ein einziges Mal seine Wirtschaft demoliert hätten. Er war unser Freund. Und wir hatten Respekt vor ihm, da wir wussten, dass Hermann über einen netten Schlag verfügte.

Einige Male stellte er seine Schlagkraft unter Beweis, wenn randalierende Gäste ihm die Wirtschaft versauen wollten. Natürlich halfen wir ihm, wo wir nur konnten, und er half uns. Wir standen bei ihm oft vierzehn Tage und mehr in »der Kreide«, doch er wusste, dass wir immer unsere Schulden beglichen.

Kam es einmal ganz arg und wir hatten einen Monat lang keinen Knopf Geld in der Tasche, dann sprang seine Bedienung Leni für uns ein.

Beiden hatten wir viel zu verdanken.

Sie verstanden uns in unserer jugendlichen Sturm- und Drangzeit, weil sie auch einmal jung gewesen waren. Das war dennoch nicht alltäglich. Und heute schon gleich gar nicht mehr.

Nun, wir saßen auf der Mauer und wussten nicht so recht, was wir unternehmen sollten.

Da erschien »Happy«, einer meiner liebsten Freunde, der eigentlich Robert Hartung hieß, und hatte ein Mädchen im Schlepptau, das wir noch nie gesehen hatten.

Marianne, wie das Mädchen hieß, trat heute Abend zu einem Sängerwettbewerb in der Bergstube an.

Anfang der fünfziger Jahre veranstalteten manche Kneipen einen so genannten Sängerwettstreit, bei dem, wie sie betonten, Nachwuchssänger und Sängerinnen entdeckt und dann gefördert werden sollten. Der Nachholbedarf war bei uns Jugendlichen ungeheuer groß, und nur wenige deutsche Stars glitzerten am Schlagerhimmel. Zumeist waren es Sänger aus Amerika, die deutsche Schlager sangen.

Natürlich wussten wir nun, was wir zu tun hatten.

Als uns unser Freund Happy verlegen gestand, dass auch er sich zum Sänger-Duell in der Bergstube angemeldet hatte, beschlossen wir einstimmig, ihm Geleitschutz zu geben. Also walkten wir geschlossen zur Bergstube vor.

Es war noch früh am Abend, und nur einige Amis flegelten lässig an der Bar herum.

Einer davon, ein lustiger baumlanger Kerl, probte am Mikrofon. Auch einige Amis beteiligten sich am Wettstreit, um die deutschen Nachwuchsstars nicht zu rasch emporsteigen zu lassen. Ich glaube, dass Happy es war, der den Satz aussprach: »Lieber Gold in der Kehle, als Silber im Blick!« Wir lachten darüber, bis uns die Tränen kamen. Traudl, eine der Bedienungen der Bergstube, die unsere Blase seit langem kannte, richtete uns den Tisch in der Ecke her. Wir fanden alle Platz daran.

Der lange Ami probte noch immer. Zwischendurch trank er Whisky aus einem Flachmann, den er nach jedem Schluck gleich wieder verschwinden ließ. Er hatte eine gute Stimme, echter Hill-Billy-Sound! Und Traudl bekam direkt feuchte Augen, wenn er vom grünen Gras seiner Heimat sang.

Nach der dritten Halben Bier wurden wir allmählich lustig, Happy und Marianne waren unsere Favoriten, und wir dachten, dass sie es mit unserer Hilfe schaffen mussten, obgleich wir beide noch nie singen gehört hatten.

Marianne hatte vor, den Traveller-Song »Hallo, kleines Fräulein ...« zu interpretieren, wir dachten aber eher an einen amerikanischen Schlager. Doch sie hatte kein zweites Lied in ihrem Repertoire.

Happy hatte sich für »Leise rauscht es am Missouri« entschieden, da er von diesem Lied den kompletten Text auswendig wusste. Dazu wollte er auf seinem Kamm blasen.

Als Zwischenmusik sozusagen.

Diese Disziplin beherrschte er ganz gut, wie wir wussten. An seinem Kamm fehlten einige Zähne, und das gab ihm einen ganz besonderen Sound.

Das Kitzeln auf den Lippen schien ihn nicht zu stören.

Er ging auf das Klo und übte noch ein wenig, während wir die vierte Halbe Bier tranken. Wir fanden alle, dass Happy die Attraktion des heutigen Abends sein musste, da kein anderer Sänger mit einem Instrument aufwarten konnte.

Allmählich füllte sich die Bar. Gut die Hälfte von den Gästen waren Amerikaner.

Jonny Schäfer, ein aus dem Nichts aufgetauchter Showmaster, übernahm die Conference des Giesinger Sängerwettstreits. Marianne war das einzige Mädchen, das angetreten war. Sie würde einen harten Stand unter all den Männern haben.
Mit einem Tusch des Bar-Trios leitete Jonny Schäfer den Abend ein. Seine Witze waren nicht mehr neu, und er langweilte uns tödlich. Er glaubte wohl, ein Kavalier zu sein, als er Marianne als erste Interpretin ansagte. Bei seiner Vorstellung erfuhren wir, dass Marianne »Greinbichler« hieß und aus dem Bayerischen Wald stammte.
Sie war sehr verlegen, als sie auf das Podium kletterte. Jonny Schäfer ließ sie allein, und das Trio begann im schnellen Rhythmus »Hallo, kleines Fräulein« zu spielen. Marianne fand sich nur sehr schwer in das Tempo der Band ein. Doch sie kämpfte wie eine Löwin. Mit verbissenem Gesicht, so als sänge sie eine Todes-Arie.
Von Nachwuchsstar konnte keine Rede sein, doch wir klatschten, bis uns die Hände brannten. Die Amerikaner sahen sie nur verblüfft an. Sie hatten null Text verstanden, und die Melodie kam ihnen gänzlich fremd vor, da Marianne gegen das Bar-Trio sang oder das Bar-Trio gegen Marianne anspielte. Wir schluckten unseren Zorn über die Niederlage unseres Stars mit einer weiteren Halben Bier hinunter.
Nun kam eine kleine Vorstadttype an die Reihe, die für uns schon am Rande des Greisenalters schwebte. Karl hieß der Macker; er war Metzgergeselle und vor allen Dingen schon fast an die dreißig Jahre alt.
Er zog eine Mundharmonika aus seiner Tasche und begann sein Lied »Von den blauen Bergen kommen wir« mit einem gekonnten Tremolo.
Nun sahen wir auch Happys Felle bereits die Isar hinabschwimmen. Das musste an der Duplizität der Ereignisse lie-

gen, dass ausgerechnet der Metzgerheini auch ein Instrument eingepackt hatte. Dazu sang er nicht einmal schlecht. Scheiße! Nach dem Metzger-Cowboy von der Schwanthaler Höh kam ein Ami an die Reihe.

Er sang »I'm dreaming of a white Christmas« fast so gut wie Bing Crosby, aber das im Frühling! Wir lachten und schlugen uns auf die Schenkel, und der Ami verließ rasch und mit den Händen vor Aufregung fahrig in die Luft greifend das Podium.

Wir lachten ihm nach, bis er auf seinem Barhocker wieder Platz genommen hatte. Einige der Kaugummi-Boys blickten böse zu unserem Tisch herüber. Aber wir lachten nur um so mehr. Wir fühlten uns ungeheuer stark. Die vier Biere in uns ließen uns zu Giganten werden.

Ohne dass wir eigentlich wollten, ergriffen wir gegen die Amerikaner Partei. Selbst wenn einer einmal gut sang, lachten wir ihn aus. Zwei Brüder vom Wettersteinplatz sangen im Duett das Lied von einem »Loch im Eimer«. Sie ernteten matten Applaus und verzogen sich still in ihre Ecke.

Happy fieberte seinem Auftritt entgegen und machte stumme Lippenübungen.

Der schwarzhaarige Gitarrist, der Chef des Bar-Trios war, sang nun eine Nummer, und ich fand im Stillen, dass er die beste Stimme hatte von allen. Er war aber nicht als Wettkampf-Kandidat aufgestellt, und somit sang er außer Konkurrenz.

Und anschließend hopste Jonny Schäfer aufs Podium. Nach drei matten Witzen pfiffen wir ihn aus, und er pries die Attraktion des heutigen Abends an.

Billy Smith, wie er den baumlangen Sergeanten ansagte, sei vor seiner Soldatenzeit Country-Sänger in Tennessee gewesen. Sogar zwei Schallplatten habe er aufgenommen, die ihm sein Onkel finanziert hatte.

Billy verbeugte sich eckig und besang nun das »grüne Gras seiner Heimat« mit brüchiger, doch guter Stimme. Es war mäuschenstill im Raum.
Dieser Kerl konnte singen. Am liebsten hätten wir Beifall geklatscht, doch wir hatten ausgemacht, für keinen Ami zu applaudieren. Als er vom Podium stieg, tat er mir direkt ein bisschen Leid, und ich konnte die Enttäuschung in seinem Gesicht deutlich sehen. Nun spielte wieder das Trio.
Als Jonny Schäfer auf das Klo zum Pinkeln musste, folgten ihm Ossi und ich unauffällig. Wir sagten ihm ganz ruhig, dass wir ihn nach Strich und Faden verdreschen werden, wenn er den ersten Preis nicht unserem Freund Happy zusprechen würde. Er schaute uns mit ängstlichen Augen an und pinkelte sich die Hosen voll.
Und dann kam der Auftritt unseres Freundes!
Als er seinen Kamm aus der Hose hervorzerrte, lächelten die Amis spöttisch. Doch Happy ließ sich nicht aus der Ruhe bringen. Er war der letzte Kandidat und hatte gute Aussichten, das Rennen zu gewinnen.
Ich hatte meinen Freund noch niemals singen gehört und glaubte sogar, einen zweiten Caruso als Freund zu haben. Für meine Begriffe sang er ausgezeichnet, und sein Kamm klang wie Max Gregers Saxophon durch das Mikrofon.
Als Happy zu Ende gesungen hatte, brachen wir in frenetischen Beifall aus. Die Amerikaner dagegen ignorierten ihn völlig und taten so, als sei er gar nicht vorhanden.
Doch ihren Gesichtern merkte ich an, dass Happys Vortrag auch sie begeistert hatte. Natürlich mussten sie solidarisch gegen uns vorgehen. Das waren sie ihrem Ruf schuldig.
Wir alle von unserer Blase waren uns sicher, dass Happy den ersten Preis ersungen hatte. Darüber gab es keinen Zweifel. Marianne standen vor Rührung sogar Tränen in den Augen.

Und dann verkündete Jonny Schäfer mit belegter Stimme, dass Billy, der Country-Sänger, das Rennen gewonnen hätte. Die Gesichter der Amis strahlten wie ihr Sternenbanner.
Sie klopften ihrem Billy auf die Schulter, dass es dröhnte, und der Einsneunzigmann wurde noch um einen Kopf größer. Seine Augen verloren sich träumend im fernen Wyoming auf den grünen Prärien, die er soeben besungen hatte.
Puritanisch, wie er war, schickte er ein kurzes Stoßgebet zum Gott der Amerikaner hinauf und bedankte sich damit für seinen Stimmbändersieg.
Traudl, unsere Bedienung, wechselte nun sofort das Lager. Sie wanzte sich an Billy heran und küsste ihm die Wange.
»Dees foische Luada«, presste Ossi durch die Zähne, »de wenn ma jetzt a frische Hoibe bringt, na schbeib is o!« Er meinte damit die offensichtliche Fraternisierung mit dem Feind.
Happy fluchte alle Heiligen von den Kirchwänden herunter und pfefferte seinen Kamm mitsamt dem Silberpapier in die finsterste Abortecke.
Der erste Preis des Sängerwettstreits war ein Kasten Exportbier mit Silberhals, das sich bei uns Halbstarken größter Beliebtheit erfreute, da es ein edles Gesöff und obendrein sündhaft teuer war. Der lange Cowboy nahm den Kasten mit rotem Gesicht in Empfang.
Ich glaube, dass es Richard war, der gerade noch bemerkte, wie Jonny Schäfer, klein wie eine Maus, durch den Ausgang entfleuchen wollte. Er sprang auf, schnappte sich den Mikrofonheini und zerrte ihn grimmig lächelnd an unseren Tisch zurück.
Rasch wurde ein Platz zwischen Happy und Ossi freigemacht, und Richard drückte den sich schwach wehrenden Conferencier auf den Stuhl. Jonny lächelte mit grünem Gesicht in die

Runde und ließ anschließend seinen ängstlichen Blick zu den Amis hinüberwieseln. Wir hatten bereits die siebte Halbe Bier hinuntergeschüttet, und die Welt schrumpfte für uns zum Mikrokosmos zusammen, den wir mit Leichtigkeit zwischen den Händen zerreiben konnten. Wir wurden immer stärker und mutiger; und vor allen Dingen immer wütender. Die Schuftigkeit der Preisverteilung arbeitete in unseren nach Gerechtigkeit lechzenden Gehirnen.

Wir dachten zu jener Zeit noch geradlinig; später gewöhnten wir uns das ab, da wir in der harten Schule des Lebens gelernt hatten, dass Geradlinigkeit niemals zum Erfolg führte. Die Erfolgreichen bluffften sich in die Höhe!

Doch in dieser schadhaften Zeit nach dem Krieg wussten wir das noch nicht. Sonst hätten wir uns gewiss auf die Socken gemacht und den schäbigen Ort unserer Niederlage verlassen. So blieben wir und plusterten uns immer mehr auf.

Wer kann schon genau sagen, wie sich eine Schlägerei anzubahnen beginnt? Vielleicht ist das ein Gesetz der Natur, dass die »Kriege im Kleinen« immer aus nichtigen Anlässen heraus geführt werden?

Jedenfalls wurde die Luft in der Bergstube von Minute zu Minute aggressionsschwangerer. Es zog ein Gewitter auf.

Wir wussten das, und die Amis auch.

Natürlich brachen wir den Streit vom Zaun, befanden wir uns doch auf unserem Giesinger Territorium, das uns von schuftigen Fremden streitig gemacht wurde.

Wir bestellten bei Traudl eine Maß Bier, die sie uns schließlich auch schnippisch brachte. Mit bösem Grinsen bedeutete Ossi nun unserem Freund Jonny Schäfer, dass er die Maß als Lohn für seine offensichtliche Schweinerei von uns gestiftet bekäme.

Zunächst sträubte sich der Mikrofonplauderer dagegen, doch

Happy setzte ihm einfach den Maßkrug an die Lippen und begann zu schütten.
Jonny schluckte, so gut es ihm nur möglich war, doch die Hälfte des Bieres rann ihm über sein schwarzes Hemd und sein großkariertes Lurex-Sakko. Seine Augen wurden immer größer und er begann zu husten. Doch Happy schüttete stoisch weiter.
Plötzlich waren wir von olivbraunen Uniformen umgeben und ein haariger Arm riss Happy den Maßkrug aus der Hand. Jonny Schäfer fiel mit dem Kopf nach vorne auf die Tischplatte und kotzte unter den Tisch.
Ossi war der erste, der sich umdrehte und dem nächstbesten Ami, der sich hinter ihm befand, einen Schwinger versetzte. Und dann ging es rund!
Traudl begann zu kreischen und rief nach der Funkstreife, die in diesen Tagen noch mit dem alten Mercedes 170 ausgerüstet war, und Marianne rannte auf die Damentoilette.
Ich erinnerte mich blödsinnigerweise an den Film »Verdammt in alle Ewigkeit«, schnappte mir, wie Burt Lancaster in dem Film, eine leere Bierflasche und versuchte, ihr den Hals abzuschlagen. Es wollte aber erst nach dem vierten Anlauf klappen, und da zerbrach die Scheißflasche und ich schnitt mir mit den Scherben die ganze Handfläche auf.
Ich hatte keine Zeit, über meinen Schmerz nachzudenken, denn irgendein Ami hatte mich beim Kragen gepackt und begann, mir seine knöcherne Faust immer wieder ins Gesicht zu schlagen. Ich wehrte mich, so gut ich konnte, und biss, kratzte und schlug mit Händen und Füßen um mich.
Bei jeder Abwehrbewegung dachte ich an die Schlägereien in den Wildwestfilmen und wunderte mich im Stillen darüber, dass unsere Schlägereien in der Realität immer anders aussahen. Nicht so heldenmutig, sondern eher idiotisch.

Von gezielten Kinnhaken keine Rede. Ich schlug um mich, wie es mir gerade in den Sinn kam und wehrte mich mit Haut und Haaren. Auch die Amis und meine Freunde machten darin keine Ausnahme. Eine Schlägerei wird immer im Freistil abgehalten.

Ich schlug einen vors Schienbein, einen anderen trat ich in den Arsch, und wieder einem anderen schmetterte ich meinen Ellenbogen auf das Ohr. Wie gesagt, unser Raufstil unterschied sich durch nichts von unseren Bubenraufereien vor einigen Jahren. Wir schlugen nur etwas härter zu.

Weshalb ich diese Schlägerei nach dem Sängerwettstreit in der Bergstube überhaupt erzähle, hat folgenden Grund: Diese wüste Schlägerei mit den Amis ging in die Giesinger Geschichte ein, weil sie ein gerichtliches Nachspiel fand.

Plötzlich tauchte die Funkstreife auf und mit ihr die amerikanische Militärpolizei. Wir waren alle so sehr bei der Sache, dass wir die Hüter des Gesetzes überhaupt nicht wahrnahmen. Wir kämpften gegen alle, die uns angreifen wollten. Wir achteten nicht mehr auf Schirmmützen und Glasfiberhelme, wir droschen einfach zu, was das Zeug hielt.

Die Gummiknüppel unserer deutschen Polizei waren harmlos gegen die Hartholzprügel der amerikanischen Militärpolizei. Wenn die damit richtig trafen, war eine Schädelfraktur nicht ausgeschlossen. Und sie trafen gut!

Ich musste für einen Moment abgetreten sein, denn als ich wieder erwachte, lag ich zwischen leeren Bierträgern, und meine Freunde standen mit den Amis gemeinsam neben mir und hatten die Arme hochgestreckt an der Wand liegen. Die amerikanische Methode des gebrochenen Widerstands.

Von Ossis linker Hand sickerte ein Blutfaden an der Wand langsam nach unten.

Ich wunderte mich, dass ich so eigenartig sah. Erst später bemerkte ich, dass mein rechtes Auge vollständig geschlossen war. Eine daumendicke Geschwulst lief mir von der Stirn über mein rechtes Auge zum Backenknochen hinab. Ich war bedient. Widerstandslos ließen wir uns von den Funkstreifenbeamten in ihre Funkwägen schaufeln und dann ging es ab ins Polizeirevier 17, das sich in der Untersbergstraße befand.

Der wachhabende Beamte traute seinen Augen nicht, als er uns, völlig ramponiert, in Empfang nahm. Er war unser Freund, Lehner Fritz, der eigentlich indirekt zu unserer Blase gehörte, und der uneingeschränkt den kräftigsten Bierzug an sich hatte. Oftmals war er blau wie ein Veilchen zum Dienst angetreten.

Wir hatten ungeheures Glück, dass Fritz gerade Dienst tat. Er nahm unsere Personalien auf und dann ließ er uns von dannen ziehen. Das heißt, wir krochen mehr, als wir gingen!

Wir waren restlos erledigt, und Happy fehlten sogar zwei Schneidezähne.

Trotz unseres depressiven Zustandes mussten wir lachen, als wir unserem Freund in sein unförmiges Quasimodo-Gesicht blickten. Happy, der härteste von uns allen, lächelte gequält und meinte sogar, dass er ohne Schneidezähne weit besser als bisher auf seinem Kamm blasen könne.

Wir schlichen zur Gaststätte Walchensee vor, und Leni, die Bedienung, schlug die Hände über ihrem Kopf zusammen, als sie uns sah. Sie erkannte uns im ersten Moment gar nicht wieder. Die gute Haut stellte uns auf ihre Rechnung sechs Maß Weißweinschorle vor Aufregung auf unseren Stammtisch und wischte uns mit ihrem Spültuch den Dreck und das Blut aus unseren zerschlagenen Visagen. Sie war für uns so eine Art Reserve-Mutter. Wir liebten sie alle.

Das gerichtliche Nachspiel hatte für uns zur Folge, dass wir

wegen Erregung öffentlichen Ärgernisses zu einer Ordnungsstrafe verdonnert wurden und als »Schläger« ins Vorstrafenregister eingingen. Doch wir schissen uns nichts darum.
Viel wichtiger erschien uns die Tatsache, dass wir uns ein Image geschaffen hatten, das weit über die Grenzen Giesings hinausgedrungen war.
Seit dieser Schlägerei in der Bergstube brachten uns sogar die Raufbolde der Schwanthaler Höhe uneingeschränkten Respekt entgegen.
Wo immer wir auch auftauchten, waren wir diejenigen, die den Amis einmal gehörig die Leviten gelesen hatten. Man sprach in »eingeweihten« Kreisen nur noch mit Ehrfurcht von der »Giesinger Mauer-Blase«.
Dass uns die Amis nach allen Regeln der Kunst verdroschen hatten, wusste ja niemand. Und wir hüteten uns, dieses Geheimnis jemals preiszugeben.

Jenseits von Eden« flimmerte über die Leinwand im Bergpalast Kino, unserem Treffpunkt an den Wochenenden. Ich hatte John Steinbecks Roman schon gelesen und brannte nun darauf, den Film zu sehen.

Ein neuer Star war über Hollywood aufgegangen, groß und mächtig, scheinbar unverglühbar, ein Halbstarker, der aus unserer Blase hätte sein können: James Dean war sein Name. Ein junger Bursche, sensibel, hart, verträumt, verspielt, mit stets zerrauften Haaren, der sich gegen die Gesellschaft auflehnte und der für uns zum pubertären Revoluzzer wurde. James Dean, den die Mädchen liebevoll »Jimmy« nannten, wurde zu unserem imaginären Anführer.

Wir versuchten uns so zu geben, wie er sich gab, so zu gehen, wie er ging, und so eigenartig von unten herauf zu lächeln, wie er lächelte. Und vor allen Dingen: Wir wurden alle so melancholisch traurig, wie er es auch war.

James Dean wurde zum Idol Millionen Jugendlicher, und wir Giesinger Halbstarke machten darin keine Ausnahme.

Wir wetteiferten mit seinem Mut, versuchten die gleichen vertrackten Dinge zu tun, wie er sie tat, und wir gaben uns bei den Mädchen, wie er sich immer gab, doch wir hatten nicht annähernd den gleichen Erfolg bei den Hasen, den er stets verzeichnen konnte. Wir waren eben nicht James Dean!

Wenn er mit seinem Porsche Spyder Rennen fuhr, fuhren wir mit unseren Rennmaschinen Straßenrennen am Grünwalder Berg. Wenn er sich eine Chesterfield oder Lucky Strike anzündete, dreimal zog und sie dann lässig aufs Pflaster schmiss,

zündeten wir uns zu dritt eine »Zuban« an und rauchten die so lange, bis uns die Glut von den Lippen fiel.
Wenn er so eigenartig glucksend weinte, dass die Mädchen reihenweise umfielen, wurde es bei uns nur ein idiotisches Geheule, das uns kein Mensch abnahm und die Mädchen schon gleich gar nicht. Verdammt, wir waren eben nicht James Dean!
Doch wir mochten ihn alle, und die Illustrierten unterstützten uns kräftig in unserer Liebe zu ihm.
Seine rührselige Lebensgeschichte erschien in allen Blättern. Die Mädchen weinten Rotz und Wasser über den Halbwaisen, der auf einer Farm in Vermont aufwuchs und niemals mütterliche Liebe zu spüren bekommen hatte. Sie wurden beim Anblick seiner Bilder hysterisch, wenn er auf seiner Maschine sitzend über die Straßen brauste, unendliche Traurigkeit im Blick und den Wind in seinen Haaren zausend.
James Dean beglückte Millionen Mädchen, Ehefrauen und sogar Großmütter. Ihm wurde alles verziehen, selbst wenn er gegen seinen Vater handgreiflich wurde. Was »Jimmy« tat, konnte nicht böse sein. Bei uns war das anders. Wenn wir auch nur ein bisschen aufmuckten, mussten wir mit Prügel rechnen.
Wir waren eben nicht James Dean!
Als sein Film »Denn sie wissen nicht, was sie tun ...« vor ausverkauften Häusern gespielt wurde, kauften wir uns alle von unseren sauer verdienten Kröten ein Springmesser. Wir gaben schwer damit an und ließen die Klingen unentwegt vor unseren Mädchen herausspringen, doch die zeigten seltsamerweise keinerlei Reaktion dabei. Bei Raufereien zogen wir niemals die Messer, obgleich uns Jimmy ja demonstriert hatte, wie man bei einer Messerstecherei damit umgehen musste. Wir hatten viel zu viel Angst davor, unsere Kontrahenten

damit ernstlich zu verletzen. Ein Nasenbeinbruch genügte ja auch. Und den zelebrierten wir mit unseren Fäusten. Wie gesagt, wir waren eben nicht James Dean! Doch wir hätten alle zehn Jahre unseres Lebens dafür gegeben, James Dean zu sein. Er hatte bei jung und alt Erfolg. Wir hingegen nur gelegentlich bei einer Hinterhofschönheit.

Als James Dean, spektakulär wie sein Leben war, auch spektakulär bei einem Autounfall ums Leben kam, brach eine weltweite Hysterie aus. Mädchen verübten auf seinem Grab Selbstmord, und die Unterwäsche der Damenwelt hing auf Halbmast. Niemand wollte es glauben, dass »Jimmy« tot war. Man munkelte, dass er grauenhaft entstellt im Abseits weiterlebe. Doch Jimmy war tot. Sein Mechaniker, der in seinem Porsche den Unfall überlebt hatte, wusste es am allerbesten.

Als James Dean tot war, hofften wir, bei unseren Mädchen nun wieder mehr Wind in die Segel zu bekommen. Doch genau das Gegenteil war der Fall. Sie gaben uns durch die Blume zu verstehen, dass ein schneidiger Kerl wie Jimmy abtreten musste und Arschlöcher wie wir am Leben blieben. Unser Image hatte Jimmy restlos zerstört.

Bis zu jenem denkwürdigen Tag, an dem wir alle einstimmig beschlossen, eine Kollektiv-Mutprobe abzulegen, um unseren Mädchen ein für allemal zu beweisen, dass auch wir Mumm in den Knochen hatten. Wir benötigten dazu keinen Regisseur und keinen Kameramann, wir machten das live!

Die Großhesseloher Brücke hatte in jenen Tagen noch kein Gitter, um Lebensmüde vor einem Sprung in die Tiefe abzuhalten. Also marschierten wir alle mit unseren Mädchen zur Brückenmitte, rauchten unsere letzte Zigarette im kommunalen Einverständnis und kletterten dann auf das zentimeterbreite Geländer. Unsere Mädchen wurden leichenblass, und wir grinsten ihnen todesmutig ins Gesicht.

Die Passanten verhielten geschockt, als wir uns im Gänsemarsch, dreiunddreißig Meter über der Isar, zum anderen Ende der Brücke vortasteten.
Wir hatten Glück, dass gerade Windstille herrschte, und so kam bei dieser idiotischen Mutprobe keiner von unserer Blase ums Leben. Als wir wieder festen Boden unter unseren Füßen spürten, hockten wir uns mit schlotternden Knien mitten auf den Gehsteig.
Nun hatten wir James Dean endlich geschlagen: Er war tot, und wir lebten noch!

1953 im Ami-Club
mit Biwi Stangl und Clay Nordmeyer

In der Clemensstraße in Schwabing lernte ich Anneliese Schwarzmüller kennen. Bei der Schwester meines Freundes Happy.

Sie hatte schwarze Haare und schwarze Augen und trug ihren Namen zu Recht.

Ich war fünfzehn Jahre alt, und Anneliese war um sieben Jahre älter. Sie hätte eine Schwester der Anna Magnani sein können und ebenso gut eine Schwester der Gina Lollobrigida. In beide Leinwandschönheiten war ich verschossen.

Ich wirkte damals schon älter, da ich ein kräftiger Bursche war und mit einem Meter achtzig schon einen Kerl darstellte. Außerdem hatte ich mir mein erstes Motorrad zusammengebaut, das noch mit Pedalen ausgerüstet war und das man »Fichtel und Sachs« nannte.

Aber immerhin, es war eine Maschine, auf der man zu zweit fahren konnte. Eine rote Satteldecke und ein rotes Luftkissen machten diesen 100-ccm-Flitzer zu einer attraktiven Maschine. Ein absolutes Spitzengerät in jenen Tagen.

Mein Vater hatte mit einer Sonderbewilligung erreicht, dass ich mit fünfzehn Jahren bereits den Führerschein Klasse IV erwerben konnte, der mir jeden fahrbaren Untersatz bis 250 ccm zu fahren erlaubte.

So ausgestattet, kreuzte ich mit Happy an einem Sonntagvormittag in der Clemensstraße auf.

Natürlich verliebte ich mich sofort in Anneliese Schwarzmüller, die allerdings, und das wusste ich noch nicht, schon lange in »festen Händen« war.

Kurt Stangl hieß der Favorit ihres Herzens, der bei den Amis als Kellner arbeitete und ebenfalls wie Anneliese zweiundzwanzig Jahre zählte. Doch er hatte durch seinen Beruf selten Zeit, mit Anneliese auszugehen. Ich wiederum war ein geübter Jitterbugtänzer, und so verschleppte ich Anneliese immer öfter zum Tanzen. In allen Ehren natürlich!
Wir mochten uns beide sehr gerne, doch ich glaubte damals, Anneliese zu lieben. Die Empfindungen eines Fünfzehnjährigen sind eben in punkto Liebe noch mangelhaft.
Aber es war eine schöne Zeit.
Wir waren jedes Wochenende zusammmen. Anneliese freute sich jedes Mal, wenn wir ausgingen. Ich hatte noch kein Mädchen ihrer Art kennengelernt. Sie war eben älter und reifer, und das mochte ich. Menschenskind, gab ich damals an mit ihr! An einem Wochenende im Sommer veranstaltete die Mutter ihres Freundes ein Gartenfest. Natürlich waren Happy und ich dazu eingeladen. Und da lernte ich ihren Freund Kurt Stangl kennen.
Alle möglichen Vorstellungen hatte ich mir von ihm gemacht. Und die meisten davon waren negativ gewesen. Und da sah ich ihn und mochte ihn auf Anhieb!
Er fuhr eine Horex Regina, rauchte Astor ohne Filter und trug fast zu allen Gelegenheiten eine amerikanische Fliegerjacke. Außerdem sprach er perfekt englisch und war ein richtiger Mann. Ich hatte noch keinen kennengelernt, der ihm auch nur entfernt ähnlich war. Wäre er einen Kopf größer gewesen, so hätte er Paul Newman aufs Haar geglichen.
Nun konnte ich meine Anneliese begreifen, dass sie diesen Mann lieben musste. Merkwürdigerweise war ich auf Kurt nicht eifersüchtig, weil ich spürte, dass auch er ein ganzer Kerl war. Wir freundeten uns trotz meiner Jugend sofort an. Er sah in mir keinen jungen Bengel, sondern einen echten

Freund. Nun waren wir zu dritt. Anneliese, Kurt und ich. Allmählich wurden wir unzertrennlich.
Kurt ging von den Amis weg und nahm im Schwabinger Nachtlokal »Käuzchen« eine Stelle als Barkeeper an. Ich besuchte ihn wöchentlich dort, und wir besoffen uns auf Kosten des Hauses, so oft es uns möglich war. Kurt konnte ungeheuer viel vertragen, und ich sah ihn eigentlich nie betrunken.
Er hatte nichts dagegen, wenn ich in seiner Abwesenheit bei Anneliese war. Er tolerierte meine kleine Liebe. Wir waren echte Freunde.
Ich baute mir aus tausenderlei verschiedenen Motorradtrümmern eine 200-ccm-Maschine zusammen, die einen Villiers-Motor, ein Jap-Getriebe, ein DKW-Fahrgestell und einen Harley-Davidson Tank besaß. Nun war ich ihm einigermaßen ebenbürtig, und wir brausten mit unseren Maschinen über die nächtlichen Straßen Münchens, wenn ich ihn spät nachts vom Käuzchen abholte. Er kannte eine Unmenge von Lokalen und noch mehr Mädchen und Freunde. Kurt war ein Teufelskerl!
Und eines schönen Tages gestand er mir zwischen zwei Whiskies, dass er Anneliese in drei Tagen heiraten würde. Fast entschuldigend sagte er mir das, doch ich verstand ihn und billigte seinen Entschluss. Zumal sich an unserer Dreierbeziehung nichts ändern würde, wie er mir versprach. Und er hielt Wort.
Nach seiner Hochzeit eröffnete er in der Theresienstraße eine kleine Bar und zog mit Anneliese von Schwabing zum Michaelibad hinaus. Nun waren wir noch öfter zusammen als zuvor. Ich wurde zu Annelieses anerkanntem Hausfreund, und Kurt lächelte darüber, wenn man ihn aufzog. Zwischen uns dreien herrschte eine Freundschaft, wie ich sie später nie wieder erlebte. Auch als Kurt mit Anneliese nach Baumholder ging und dort fünfzehn Jahre lang ein Lokal betrieb, änderte

sich nicht das Geringste zwischen uns. Ich lernte Kurt kennen, als er seinen zweiundzwanzigsten Geburtstag feierte, und unsere Freundschaft endete, als er nach seinem fünfzigsten Geburtstag an einem Zungenkarzinom starb. Ich fahre heute noch eine schwere Maschine, und immer, wenn ich mich in den Sattel schwinge, fährt Kurt neben mir, so wie wir lange Jahre nebeneinander gefahren waren. Ich habe viel von ihm gelernt, und in späteren Jahren, so denke ich, auch er von mir.

Warum ich diese kleine Episode erzähle? Nun, weil es auch saubere Geschichten geben kann, die sich zwischen drei Menschen abspielen. Und darüber sollte man ruhig auch einmal sprechen.

Wir wussten nicht viel über das große Land Amerika. Und was wir darüber wussten, hatten wir in der Schule gelernt, von den Erwachsenen gehört und von den Amis der Besatzungszeit mitbekommen. Doch die Superman-Comics und die Walt-Disney-Micky-Mouse kannten wir alle. Und natürlich auch den großen Boss Eisenhower, der in Amerika dieselbe Funktion ausübte wie bei uns unser Boccia-Matador Konrad Adenauer. Nur mit dem Unterschied, dass Eisenhower Präsident war und Adenauer Bundeskanzler.
Benny Goodman und Glenn Miller kannten wir ebenfalls. Und diese beiden Musiker sagten uns weit mehr als alle Eisenhowers und Adenauers der Welt.
Gleichermaßen schätzten wir noch die goldene Trompete von Louis Armstrong, der, wenn er sang, eine so raue Stimme hatte wie der Zuchthausriegel von Zelle R 17.
Diese drei amerikanischen Musikgiganten liebten wir über alle Maßen, und jede Möglichkeit, die sich bot sie zu hören, nutzten wir weidlich aus.
Doch plötzlich, gewissermaßen über Nacht, trat ein anderer Musiker auf den Plan.
Er hatte pechschwarze Haare und trug sie wie wir auch, mit einer Locke in der Stirne und einem »Henker« im Nacken. Er hatte im amerikanischen Bundesstaat Tennessee das Licht des Sternenbanners erblickt, in der Stadt Memphis, und trat in Kneipen als Country-Sänger auf.
Sein Name war Elvis Presley.
Ein junger Halbstarker, in einem Arbeiterviertel geboren, aus

ärmlichen Verhältnissen stammend, der eine ungeheure Ähnlichkeit mit uns Halbstarken aus Old Germany besaß.
Er spielte Gitarre und sang mit einer Stimme dazu, die sich sofort in den Herzen von Millionen Fans heimisch fühlte.
Elvis Presley war ein Naturwunder. Er brach alle Rekorde und wurde innerhalb von zwei Jahren zum umjubelten Sänger der ganzen Welt.
Wenn er sein Lied »Love me tender« sang, fielen die Teenager reihenweise in Ohnmacht.
Wir tanzten zu seiner Rock'n-Roll-Musik, was die Schuhe hergaben und erfanden immer neue Figuren zum Jitterbug, wie wir den Tanz damals bezeichneten. Ein guter Jitterbug-Tänzer konnte gewiss sein, niemals nach einer Tanzveranstaltung alleine ins Körbchen hopsen zu müssen. Elvis Presleys Musik öffnete uns die Wohnküchen der Giesinger Asphalt-Schönheiten.
Und wir dankten es ihm, indem wir uns von unseren sauer verdienten Kröten seine Platten kauften.
Auch mein Freund Kurt Stangl, der immerhin einige Jahre älter war als ich, schätzte ihn sehr. Allerdings mehr als Country-Sänger, während ich seine Rock'n-Roll-Musik überaus liebte. In einer Zeit, da der Zweite Weltkrieg gerade überwunden war, die jungen Mädchen in Petticoats herumliefen und ein Halbirrer den Hula-Hoop-Reifen erfunden hatte, wurde Elvis Presley zum Super-Idol der jungen Generation.
Unsere Eltern sagten zwar immer: »Der mit seiner Indianermusik«, doch was verstanden unsere Eltern schon davon, die doch ausschließlich von Marschmusik das Kribbeln in den Beinen spürten.
Es war nicht annähernd etwas Vergleichbares mit Elvis Presley auf dem Markt.
Bis zu jenem Tag, an dem ein junger Deutscher auftauchte.

Ja, ein Bayer war es sogar, der in München geboren wurde und der erstmals gute Rock'n-Roll-Musik machte. Natürlich konnte er an Elvis Presley nicht anstinken, aber immerhin.
Peter Kraus hieß der Jüngling, der in seinem alten MG über die Straßen brauste, und der mit seinem Lied »Wenn Teenager träumen« beachtlichen Erfolg erntete.
Sein »Sugar Baby« übertrumpfte sogar noch seine »träumenden Teenager« und wurde ein echter deutscher Hit. Wir versäumten keines seiner Konzerte und klotzten uns in jede Vorstellung, wenn ein Film von ihm gezeigt wurde. Seine Filmpartnerin war Conny Froboess, die als Kinderstar mit ihrem Liedchen »Pack die Badehose ein ...« schon jung und alt begeistert hatte.
»Peter und Conny« hieß das Filmpaar der fünfziger Jahre. Ihre Filme waren zwar meistens sentimentaler Schwulst, doch wir Nachkriegsbengel waren in punkto Film ja nicht verwöhnt worden. Und für die dämlichen Drehbücher konnten ja beide nichts. Doch sie sangen gut, und mit ihren Liedern kam irgendwie Hoffnung in die Unterwäsche der Halbstarken und der Teenager.
Ich fuhr damals eine alte Viktoria-Maschine mit Tigergabel, die eine Vorläuferin der späteren Horex Regina war, und ich hatte mir auf den Tank einen Radioapparat installiert.
Wenn Kurt und ich über die nächtlichen Straßen von Schwabing knatterten, überfetzten Elvis Presley und Peter Kraus mit Überphon den Motorenlärm unserer Maschinen.
Doch kein Ordnungshüter verpasste uns ein Strafmandat wegen nächtlicher Ruhestörung. Die fiel damals nicht ins Gewicht. Es gab in ganz München höchstens dreitausend Motorräder. Und noch weniger Autos. Das Verkehrsmittel zu Anfang der fünfziger Jahre war das Fahrrad. Und die Straßenbahn, die noch eine offene Plattform besaß, mit einem

Schlaggitter als Türersatz und einem Stromstangerl, das in den Kurven regelmäßig aus den Oberleitungen sprang.
Von Hektik keine Spur. Das Wirtschaftswunder begann sich erst später auszubreiten. Was war das damals nicht für eine schöne Zeit. Diese längst vergangene Münchner Jazz- und Rock'n-Roll-Zeit, als eine Zigarette noch fünf Pfennige kostete.

Einen Häuserblock neben dem unseren wohnte eine dunkelhaarige Kindergärtnerin im ersten Stock zur Untermiete bei den Steinlechners. Sie war Anfang zwanzig und für mich, einen hoch geschossenen, pickelübersäten vierzehnjährigen Frühpubertären, natürlich viel zu alt. Trotzdem war ich in die zierliche Schöne, deren Nylonbeine sich in einer traumhaften Figur verloren, rettungslos verliebt. Eigentlich war ich im Februar 1950 erst dreizehneinhalb Jahre alt, aber wir alle wussten, dass mit vierzehn Jahren der so genannte »Ernst des Lebens« begann, und so zählte ich eben für mich und für die restliche Welt bereits vierzehn Lenze. In der Gaststätte Walchensee wurde am Samstagnachmittag ein Kinderball abgezogen, und Helga, wie meine Traumzahn-Kindergärtnerin hieß, hatte die Aufsicht über das Rotkäppchen-, Dornröschen-, Indianer- und Trappergeschwader. Es gab längst wieder echte Limonade, Coca Cola und Apfelsäfte, und die »Fruchtauszugs«-Süffeleien, die allgemein »Heißgetränke« genannt wurden, gehörten der Vergangenheit an. Als ich von diesem Kinderfaschingsball erfuhr und davon, dass meine dunkelhaarige Flamme, die natürlich nichts von ihrem frühreifen Verehrer ahnte, als Aufsicht fungieren sollte, stürzte ich mich an diesem Tag in meine Zorrokluft, um ihr endlich meine tiefe Liebe zu gestehen. Das Nebenzimmer der Wirtschaft brodelte vor Kinderleibern, und ich saß lässig am Nebentisch meiner Angebeteten und trank mit schwarzbehandschuhter Hand einen doppelten Apfelsaft, der für mich wie Kentucky-Whisky ausschaute. Krampfhaft überlegte ich, ob ich sie zum Tanzen auffordern sollte. Aber immer dann, wenn ich mir endlich ein Herz gefasst hatte und sich meine Beinsehnen zum Aufspringen strafften, kam irgendeine kleine Prinzessin oder ein verschwitzter Winnetou daher, die dringend aufs Klo mussten und das »Fräulein« baten mitzukommen. Meine Augen funkelten jedes Mal zornig durch meine Zorromaske, und meine rechte Hand zuckte gefährlich zu meinem Colt hinunter, der tief an meinem rechten Oberschenkel baumelte. Eigentlich war ich ja nicht der Degenvirtuose Zorro, sondern der Coltkünstler Coyote, der seinen schuftigen Widersachern ein Loch ins rechte Ohrläppchen schoss. Gerade als ihr die Bedienung Leni ein frisches Glas mit Limonade servierte, schnellte ich in die Höhe, um sie zum Tanz aufzufordern. Ich übersah dabei einen Stuhl, den meine Augenschlitze nicht zur Kenntnis nahmen, strauchelte, fing mich wieder, und schüttete meinem erschreckten Liebling einen halben Liter kalte Limonade in den heißen Schoß. Sie sprang auf und sagte im lupenreinen Giesinger Randsteindialekt: »Ja, spinnst denn du, du dummer Bua! Tua doch dei bläde Maskn runter, wennst nix siehgst damit!« Und mit diesen Worten wurde eine zarte Liebesromanze verhindert. Ich rannte davon und dankte meinem Schicksal dafür, dass ich durch meine Zorromaske für sie ein Unbekannter geblieben war.

Sie ging mir allerdings Jahre später doch noch ins Netz. Und zwar während eines Faschingsballes im Salvatorkeller. Die Kapelle Schirmer spielte zum Tanz auf. Ich war achtzehn Jahre alt, dass heißt: im Februar 1954 erst siebzehneinhalb. Und ich tanzte gerade mit unserem »Blasn-Stammzahn« Mausi einen steilen Jitterbug, als ich das Kindergartenfräulein an der Bar mit einem Ami sitzen sah, der sich mit seinen Händen auf Expeditionskurs befand. Sie war noch genauso hübsch wie früher, nur trank sie jetzt Manhattan anstatt Limonade. Und das merkte man ihr auch an. Beide waren nicht mehr nüchtern. Ich betrachtete ihre Traumbeine, die sich durch Faschings-Hotpants hochzogen, an deren Ufern gerade der Ami zugange war, und da brannte in mir erneut eine Sicherung durch. Ich ließ Mausi auf der Tanzfläche zurück, sauste zur Bar, zog den Ami vermittels seines »Schiffchens«, das er durch seine rechte Achselklappe gesteckt hatte, vom Stuhl, ein umgestürztes Glas mit Manhattan ergoss sich auf die Hotpants von Helga, und der Barkeeper, ein Freund von mir, spritzte Sodawasser in das Gesicht des wütenden Cowboys, während ich meine Traumfrau zur Garderobe zerrte. Dort half ihr Fini, die Garderobenfrau, beim Trocknen ihrer Kleider. Helga war froh, durch mich von diesem Aufdringling befreit worden zu sein. Auf dem Nachhauseweg wurde ich mir gewiss, dass sie mich damals in meiner Zorromaske nicht erkannt hatte ...

Vor fast einem halben Jahrhundert wurde ein Film gedreht, der sich mit jeden amerikanischen Revuefilm messen konnte, und dieser Film hieß »Der bunte Traum«. 1951, als München noch immer ganz nette Ruinenfelder aufwies und nur zögernd der Einstieg in ein neues Leben begann, war ein derartiger Musikfilm schon etwas Besonderes. Gerhard Wendland sang sein Lied »Greif nicht nach den Sternen«, und der blutjunge Vico Torriani trällerte sein »Santa Fee« über die Kunsteisbahn. Wir fünfzehnjährigen Giesinger Halb- und Viertelstarken schnappten uns nach dem Film, den wir uns im Bergpalast angeschaut hatten, unsere selbstgebastelten Schlittschuhe und stürmten in die Galeriestraße, aufs hoch beliebte Schachterleis, um unseren ganz speziellen »bunten Traum« nachzuvollziehen.

Unsere Träume waren natürlich um ein Vielfaches kleiner als dieser Supertraum, den wir auf der Leinwand miterleben durften. Uns genügte es schon, wenn wir einen Schlittschuh-Hasen aufreißen konnten. Vielleicht noch ein Heißgetränk dazu und eine Zuban-Zigarette zu zweit. Immer wieder rissen uns die angeschraubten Schlittschuhe von den Schuhen, und immer wieder schworen wir uns, in den nächsten Tagen in Harlaching, bei den Amerikanern, ein paar Boys um ihre Eishockeyschlittschuhe zu erleichtern. Die bekamen doch sofort neue Eiskratzer von ihren Daddies aus der »Pi-Ex!« Es blieb aber nur bei den Plänen.

Mit solchen Revuefilmen kam Hoffnung in die ausgebauten Keller und Speicherräume, die sich die zurückgekehrten Evakuierten mit billigstem Zeug ausstaffierten. So ein Film ließ für kurze Zeit Schutträumen, Brennmaterialbeschaffung, Hamstern und Kleidersorgen vergessen. So ein Film zeigte den damaligen Menschen, dass es noch Hoffnung gab und dass man nicht nachlassen durfte, um diese spindeldürre Hoffnung in Realität zu verwandeln. Ein Film wie »Der bunte Traum« hielt für alle, die ihn sahen, ein lockendes Zukunftsbild bereit. Nun konnte man wieder in eine Fünfzigstunden-Arbeitswoche einsteigen und bei Magermilchkartoffeln und gezuckerten Nudeln mit dem Hirn anschieben wie ein Ochse. Schließlich musste man sich und seinen Kindern einen »bunten Traum« verwirklichen, da endlich das Feldgrau überwunden war, wie man glaubte.

Aus diesem Grunde bedaure ich all diejenigen jungen Leute, die vor lauter No-Future-Geschwafel weder Romantik noch Träume und schon gar keine Sentimentalität gelten lassen. Denn, liebe junge Freunde, die erste Atombombe wurde schließlich 1945 gezündet. Und ohne die Zukunftsträume eurer Eltern wärt ihr gar nicht auf der Welt!

Wenn ich mich zurückerinnere an die Zeit, als man noch bedenkenlos im Regen spazierengehen konnte, da er weder sauer noch sonstwie verseucht war, dann habe ich als erstes den Geruch in der Nase, der sich entwickelt, wenn ein Regenschauer auf staubwarmes Straßenpflaster niedergeht. Dieser Geruch ist unverwechselbar und er zaubert mir sofort eine längst vergangene Situation vor mein geistiges Auge. Die »großen Ferien« zum Beispiel, die jeder Abc-Schütze das ganze Jahr über sehnlichst herbeiwünschte. Wenn die Schulranzen und Mappen endlich ihren längst verdienten Platz in der Besenkammer fanden.

Ich entsinne mich der Riesen-Regenlache, die sich regelmäßig nach einem Gewitterschauer rund um den verstopften Gully vor unserem Häuserblock bildete. In dieser Regenlache, in der wir bis zu den Oberschenkeln im Wasser standen, wäre der Sperber Mane einmal fast ersoffen. Wir hatten ihn mit einem Strick beim Indianerspielen an den Gullydeckel gefesselt. In sitzender Stellung. Und dann waren wir in den Hausgängen verschwunden, als es zu schütten begann. Den Sperber Manne hatten wir vergessen. Als der Platzregen nachließ, fanden wir den Mane bis zum Kinn im Wasser sitzend vor. Der Witsche musste tauchen, um den Strick, der um Manes Handgelenke gebunden war, durchschneiden zu können. So etwas zelebrierten wir nie wieder.

Das nächste Mal banden wir den Sperber Mane an einem Rad von einem »Rollwagerl« fest, das sich zum Glück nicht zum Kiesgrubenrand vorbewegte, sondern an einem Kieshau-

fen hängenblieb. Der Mane hatte sich trotzdem zwei Mal überschlagen. Dabei war der Manfred Anton Sperber unser Freund, der schwächste allerdings, und das wird es wohl gewesen sein, dass er immer gefangen wurde. Doch der Sperber-Bub spielte unverdrossen mit, und allmählich bekamen wir irgendwie Respekt vor seinem Mut als ständiger Verlierer. Später ging der Mane freiwillig als einer der Ersten zur neu gegründeten Bundeswehr. Dort soll er auch Karriere gemacht haben. Und die Grundausbildung riss er auf einer Hinterbacke lässig herunter, zur Verblüffung seiner Vorgesetzten. Das hatte er von den Indianerspielen mitbekommen.
Die Rickl Helga war da anders. Sie hatte sich immer um den Sperber Mane gekümmert, wenn er zerschrammt aus unseren Spielen hervorgegangen war. Sie stand auf ihn wie eine Eins! Weil er die steigfähigsten Kastendrachen bauen konnte und der Helga immer seine Holzklapperl lieh, damit sie nicht barfuss laufen musste. An manchen Tagen bröselte der Helga die Zeit aus ihrem Gesicht. Sie war älter als wir, und an manchen Tagen bemerkten wir das deutlich. Besonders während der »großen Ferien«, als die Familie Rickl aufs Land fuhr und die Helga bei ihrer halbblinden Oma daheimbleiben musste. Der Helga war das nur recht. Dann vergaß sie sogar ihren Schwarm, den Sperber-Buben, malte sich die Fingernägel mit einem Ami-Nagellack an und trieb sich bei den Ami-Tracks herum, die Essensreste von der Militärregierung in die Kiesgrube kippten. »Jetzt schwaanzelt s' wieda bei de Ami rum, de Flietschn«, knurrte der Witsche und schielte zum Mane hin, der aber eisern stehen blieb und direkt darauf zu warten schien, von Witsche irgendwo angebunden zu werden. Uff!
Die Rickl Helga ging bereits in die siebte Klasse. Sogar schon zum zweiten Mal. Und das sah man auch ihrer Figur an. Selbst die Amis sahen das! Und das mit der Schule war denen

sowieso Wurscht. Auf Schulbildung legten sie keinerlei Wert, bei ihren erotischen Vorhaben. Helga konnte sich die Namen der Amis nie merken. Deshalb sagte sie zu jedem »Boy«. Die Boys registrierten das lächelnd und verwöhnten das Rickl-Girl mit vielen Schmankerln aus der »Pi-Ex«. So vergingen die großen Ferien für die Helga recht angenehm.

Heute werde ich sofort an diese Zeit erinnert, wenn Regen auf staubwarmes Pflaster fällt, und dieser eigenartige Duft um meine Nase gaukelt, den Vergangenheit geboren hat. Lang, lang ist's her ...

Südliche Nächte unter südlichen Sternen«, sang Vico Torriani, und wir träumten vom Gardasee und von Palmen. Aber dann fuhren wir doch nur an den Bodensee, denn Palmen gab es dort ja schließlich auch. Auf der Insel Mainau nämlich.

Vom Meer träumten wir nicht. Das lag unerreichbar weit von uns entfernt.

Wir sahen auf amerikanischen Postkarten, die vereinzelt eintrudelten, Städte wie Miami Beach, und wir glaubten allen Ernstes daran, dass diese Herrlichkeiten hinter dem Mond liegen mussten und unmöglich von dieser Welt stammen konnten, die zerbombt, heiß und stinkend vor unseren Füßen lag. Damals, zu Anfang der fünfziger Jahre, bedeutete die Insel Mainau im Bodensee für uns mindestens ebenso viel wie heute Key West, die Bahamas oder Honolulu.

Die Abc-Schützen warfen ihre Schulranzen in der zweiten Julihälfte in eine Ecke und gleich das kleine Einmaleins hinterher. Wir Halbstarken, die wir seit einigen Monaten unseren Lehrlingslohn geizig zusammengespart hatten, schnappten unsere Rennräder und jagten den heimischen Seen zu. Der Bodensee gehörte auch zu ihnen.

Wir nächtigten in Heustadeln, Jugendherbergen und Zweimannzelten ohne Boden, um die wir einen »Wassergraben« ziehen mussten, damit wir bei einem Gewitter nicht davongeschwemmt wurden. Aber romantisch war es allemal.

Hatten wir tatsächlich – was ja gelegentlich vorkam – zur Ferienzeit keinen Knopf Geld im Sack, weil wir auf eine »neue

Schale« hingespart hatten, die sich in einer grauen Gabardinehose und in einem Pfeffer-und-Salz-Sakko erschöpfte, so fuhren wir eben guter Dinge jeden Tag auf unseren Stahlrössern zum Flaucher, ins Bad Furth oder – wenn uns der Hafer stach – ins Undosa-Bad nach Starnberg. So wenig Geld konnten wir gar nicht besitzen, dass wir mit einem Ferientag nichts anzufangen gewusst hätten.
Ich entsinne mich noch eines Sommernachtsfestes in Steinebach am Wörthsee, bei dem ein Bartrio dieselben Lieder spielte wie die »3 Travellers«, die dazumal sehr beliebt und berühmt waren. Fast die gesamte Blase saß auf den Rennsätteln und strampelte mit erwartungsvollen Gesichtern Steinebach entgegen. Die »Schale« befand sich sauber verpackt in den »Wimmerln«, wie wir die Zeltstoff-Rucksäckchen nannten, die wir auf dem Rücken mit uns schleppten.
Es war ein herrlich warmer Abend, und von weitem hörten wir schon »Hallo, kleines Fräulein, haben Sie heut' Zeit, mit mir auszugehen, nur zum Zeitvertreib ...«, als wir uns der lampiongeschmückten Tanzfläche näherten. Adrett in unsere »Schale« genudelt.
Leider vergaß unser Freund Happy regelmäßig, sich seiner »Hosenspanner« zu entledigen, wenn er sich lässig, mit einem Autoschlüssel spielend, einem Mädchen näherte, um diese zum Tanz aufzufordern.
Vier Mann besetzten einen kleinen Gartentisch und bestellten bei der Bedienung je eine Halbe Bier zu fünfzig Pfennigen pro Krug. Die anderen tanzten in der Zwischenzeit. Nach einer Tanzrunde wurde abgewechselt. Das ging ganz gut. Wir stellten keinerlei Ansprüche, und die Bedienung bekam eine Mark Trinkgeld pur. Erst wenn das Trio unweigerlich »Auf Wiedersehn« spielte, trollten wir uns als absolut letzte Gäste.
Ewald hatte an diesem Abend die dunkelhaarige Bedienung

aufgerissen. Diese versorgte uns mit zurückgegebenen Schnitzelresten und ließ uns alle verbotenerweise im Holzschupfen der Wirtschaft schlafen. Beim ersten Sonnenstrahl schlüpften wir ohnehin in unsere Badehosen, und ein herrlicher Badetag erwartete uns ...

Das hat sich gewiss der alte Bauer Kyso zu seiner Zeit auch nicht träumen lassen, dass einmal an Stelle seines Bauernhofs auf seinen ausgedehnten Ländereien einer der schönsten Stadtteile Münchens entstehen sollte. Doch als 1854 das mittlerweile in »Giesing« umbenannte Bauerndörfl der Stadt einverleibt wurde, bestand kein Zweifel mehr daran, dass aus Giesing »etwas werden« würde. Und das ist auch so gekommen. München ohne Giesing wäre wie ein Adler ohne Schwingen oder eine Kartoffel ohne Haut.

Die Giesinger Kirche mit ihrem Rundplatz diente von alters her den Obergiesinger Buben als Kampfplatz gegen die Untergiesinger. Dort wurden mit Tomahawk und Steinschleuder im wilden Bubeneifer Kämpfe ausgefochten. Und zuweilen geschah es sogar, dass so ein kleiner Winnetou die ganze Nacht über an einen Baum gefesselt, vergessen und tränennass auf seine Befreiung harren musste. Damals gab es noch keine Funkstreife, die im Großeinsatz nach dem verlorenen Sohn gesucht hätte.

Oder die alten Hinterhöfe mit ihren Aschentonnenhäuschen. Dort wurde mit rotem Gesicht und vor der Außenwelt verborgen »Doktor« gespielt. Schon damals war die kleine, schwarzhaarige Traudl immer eine der Ersten gewesen, die als »Patientin« zur Verfügung stand. So ist es dann geblieben. Bis zu jenem Tag, an dem ihr ein Quartalssäufer sein Stilett zwischen die vierte und fünfte Rippe schob. Schade, die Traudl war ein verteufelt hübsches Mädchen gewesen.

Fünf Jahre nach dem Ende der großen Völkerschlacht, als die

Jahrgänge 1932 bis 1936 gerade begannen, die ersten »Texas« und »Golddollars« zwischen die Lippen zu schieben, da kam auch schön langsam die Zeit der berühmten und berüchtigten »Giesinger Gartenfeste«. Da hat sich immer allerhand gerührt. Dort spielten die fünfköpfigen Blechmusikkapellen auf einem mit Tannengrün geschmückten Holzpodium. Haarscharf durch einen geschälten Fichtenstamm davon getrennt, lag das Tanzparkett mit seinen hölzernen Bohlenbrettern, grau und arg zertreten, auf dem bierfeuchten Boden. So um neun Uhr abends gingen dann die Raufereien los. Planmäßig bei jedem Gartenfest und fast zur gleichen Zeit. Auch waren es meist die jüngeren Jahrgänge, die von den älteren zum »Fegn« vorgeschickt wurden. Und wie die »fegten«! Und wie dann alle erst gerauft haben. Da blieb kein Auge trocken. Weil die meisten blau und geschlossen waren.

Man kann hinkommen, wo man will: Überall ist der Giesinger bekannt und gerne gesehen. Überall mag man diese hagelbuchenen Burschen gerne. Und erst die Giesinger Mädchen! Es sind die hübschesten, ehrlichsten, frechsten, gescheitesten und liebenswertesten von der ganzen Welt! Wenn trotz alledem ein Giesinger so dumm sein sollte, eine andere zu ehelichen, ist er an seinem Unglück ganz alleine schuld.

Natürlich veränderte sich das Bild von Giesing im Laufe der Zeit. Das muss so sein und ist gut so. Es muss mit der Welt irgendwie weitergehen. Nur denkt man oft mit leiser Wehmut zurück an die einstigen Bubenspielplätze, die nur noch in der Erinnerung existieren.

Dort, wo vor fünfzig Jahren die geliebte Kiesgrube mit den Rollwagerln ihren Schlund auftat, stehen heute kleine Wohnhäuschen und gleich daneben moderne Hochhäuser. Und wo sich früher die schönen, verschwiegenen Gartenanlagen befanden, wurden lang gezogene Wohnblöcke errichtet. Wo die

Schafwiese lag, stehen eine große Kirche, eine Schule und viele Wohnhäuser.
Doch wenn ein alter Giesinger an einem warmen Sommerabend durch seine einstigen Bubenstraßen spaziert, mit einer Zigarette im Mund, dann hängt sich alles wieder an sein Erinnerungsgitter. Dann sieht er sie alle, die Spezln und Freundinnen aus seiner Kinder und Jugendzeit. Dann hört er im Geiste die Pfiffe von der »Blasn«, wenn ihn die Freunde abends abgeholt haben.
Dann sieht er sich schwitzend und glücklich dem oft geflickten alten Fußball nachlaufen und von einem großen Fußballstar träumen. Und dann weiß er mit Sicherheit, dass er immer ein Giesinger bleiben wird, selbst wenn ihn das Leben einmal bis ans Ende der Welt verschlagen sollte ...

Als die Träume noch wie violette Schleier in greifbarer Nähe schwebten, die erste unsterbliche Liebe überwunden war und Lebensmittelmarken immer noch unsere Tage bestimmten, brach mit dem Herbst unsere Kinozeit an. Wir, das waren meine Giesinger Freunde und ich. Auch einige Mädchen waren darunter. Wir wussten damals noch nichts von einem »Waldsterben«, einem »Ozonloch«, noch von Robben- oder Walmorden oder der Abholzung des Regenwaldes, und dass es in einer so genannten »Dritten Welt« noch mehr Hunger geben sollte als bei uns. Das hätten wir einfach nicht geglaubt. Ganz vage erinnerten wir uns an Atombombenexplosionen auf Hiroshima und Nagasaki. Doch wo lagen diese Orte denn? Wahrscheinlich in »Hintergschertindien, wo der Pfeffer wächst«, wie unsere Eltern immer sagten, wenn es sich um Länder oder Städte handelte, die sich außerhalb unserer bekannten Welt befanden. Und was bekümmerte uns das schon? Wir waren bemüht, Kinogeld für einen »Rasierplatz« aufzutreiben, wie diese Plätze in der ersten Reihe im Kino hießen, wo man den Kopf so weit zurücklegen musste, um den Film auf der Leinwand verfolgen zu können, dass es einem regelmäßig das Hemd vorne aus der Hose zog. Wir träumten in den Ferien von Berchtesgaden, Garmisch und ganz selten vom Gardasee. Dagegen kannten wir jede Ecke und fast jedes Gebüsch in Großhesselohe, Deisenhofen und Höllriegelskreuth. Die Isar und der Hinterbrühler See waren unsere Feuchtgebiete während der heißen Sommermonate. Dort lagen wir schmusend auf olivgrünen Amidecken, rauchten Pall Mall und tranken »Danziger Goldwasser« aus der Flasche. Und immer wieder waren wir verliebt. In die Helga, die Erika, die Mia, die Lilian und ganz besonders in die Kirchleitner Marianne. Bis zum Beginn der ersten Nebelschleier war der Flaucher unser beliebtestes Naherholungsgebiet. Und wenn an der Mosel die Weintraubenernte begann, begann in Obergiesing unsere Kinozeit.

Vier Kinos lockten uns: das »Luna«, das »Baki«, das »Wendelstein« und der »Bergpalast«. Der »Primuspalast« befand sich schon unterhalb des Giesinger Bergs. Also auf früherem, feindlichem Territorium.

Einige Filme werde ich nie vergessen können: Dazu gehören »Meine Frau, die Hexe«, »Badende Venus«, »Das skandalöse Mädchen« und ganz besonders »Liebe, Rhythmus, Leidenschaft«. In diesem Film spielte Kirk Douglas einen besessenen Jazztrompeter, der ständig auf der Suche nach dem hohen C war. Natürlich wollten drei meiner Freunde sofort Trompete spielen lernen. Happy lernte in einer Woche als Autodidakt drei Blues. Das war absolute Spitze. Happy besaß Talent. Nach dem Film »Verdammt in alle Ewigkeit«, wo Montgomery Clift nicht nur boxen, sondern auch Trompete blasen konnte, trugen Happy und seine zwei Trompeten-Freunde nur noch die Mundstücke mit sich herum.

Ganz klar, dass fast alle Filme aus amerikanischen Archiven stammten. Und nach einem Wildwestfilm mit Gary Cooper, John Wayne, Gregory Peck oder Burt Lancaster zündeten wir unsere Zigaretten in der Manier unserer Kinovorbilder an und trugen die Glimmstängel genauso wie sie mit der Glut in der Innenhand. Natürlich versuchten wir auch so zu küssen wie sie. Es gelang uns nie. Hätten wir allerdings damals schon gewusst, dass unser Kinoidol Clark Gable ein schlecht sitzendes Gebiss trug und Richard Burtons Zunge, wie seine Frau

Liz Taylor behauptete, nikotindurchtränkt war, dann hätten wir unsere totale Verehrung wenigstens ein bisschen zurückgeschraubt. Doch damals war Kino einfach alles. Amerikanische Filme wohlgemerkt! Die deutschen Problemschinken mit O.W. Fischer und Maria Schell belächelten wir nur mitleidig. Ein paar deutsche Streifen gab es, die wir gelten ließen. Drei davon schauten wir uns sogar mehrmals an: »Die Dritte von rechts«, »Tanzende Sterne« und »Der bunte Traum«. Diese Musikfilme machten uns ein bisschen an, da sie nach amerikanischen Vorlagen gedreht waren. Allerdings konnten sie an die Amifilme nicht anstinken.

Allein schon die Hollywood-Schauspieler hatten anderes Format als unsere deutschen. Für uns wenigstens. Auch sahen sie alle besser aus. Das machten Chicken, Steaks und Eiscreme, so glaubten wir. Und so was gab es bei uns nicht.

Nach einem amerikanischen Film am Wochenende waren wir wieder gerüstet für eine Fünfzigstunden-Arbeitswoche. Nach und nach verschwanden die Kinos alle. Heute hat Obergiesing kein einziges mehr. Das Fernsehen hat sie abgelöst. Zum Schmusen benötigt man keine Kinos mehr. Das tut man heute öffentlich. Und in ein »Revolverkino« wie wir zum Beispiel das »Wendelstein« nannten, würde heutzutage kein Mensch mehr gehen ...

Eine Halbe Bier kostete fünfzig Pfennig. Eine Maß Weinschorle, süß oder sauer, zwei Mark.
Der Schweinsbraten mit Knödel und Salat drei Mark zwanzig und ein Wiener Schnitzel mit Röstkartoffeln oder Pommes frites vier Mark fünfzig.
Für ein Zehnerl konnte man sich einen Waffelbruch kaufen, der aus Abfällen der Konditorei bestand, oder wahlweise einen »Boxer«, einen »Amerikaner« oder ein gehöriges Stück »Warschauer Wecken«, der so schwarz wie die Seele eines schuftigen Wirts und so schwer wie die Brandsohle des Stiefels vom Steirer Hans war.
Für zwanzig Pfennig konnte man kreuz und quer mit der Straßenbahn durch München fahren, nur nach Grünwald musste man ein Zehnerl Zuschlag berappen, wegen der langen Fahrstrecke.
Wenn Max Greger mit seinem Enzian-Sextett im Salvatorkeller spielte, nahm man dafür als Eintritts-Obolus pro Person eine Mark fünfzig.
Rechnete man zwei Maß Bier zu je einer Mark fünfzig und eine Zwölferpackung »Drama-Zigaretten« zu neunzig Pfennig hinzu, so war für fünf Mark vierzig ein piekfeiner Abend gelaufen.
Zum Essen hatten wir ohnehin kaum Zeit, da wir uns ausschließlich auf dem Tanzparkett aufhielten.
Zu jener Zeit schenkte man einem Handwerker für geleistete Dienste noch drei Zigaretten als Trinkgeld. Dies stellte eine fürstliche Belohnung dar und wurde auch als solche quittiert.

Die Woche hatte noch achtundvierzig bis fünfzig Arbeitsstunden, doch durfte jeder Arbeiter und Angestellte dafür vierzehn Tage Urlaub im Jahr für sich in Anspruch nehmen. Die Ferien verbrachten die meisten Münchner in Garmisch-Partenkirchen, am Königssee, in Murnau oder in Sauerlach beim Schwammerlsuchen und beim Himbeerbrocken. Ganz wenige fuhren zum Gardasee, und sie schwärmten dann jahrelang davon. Fliegen galt damals als uneingeschränktes Privileg der Millionäre.
Man wagte nicht im Traum daran zu denken, irgendwann in einem Flugzeug zu sitzen. Man war glücklich darüber, mit der Eisenbahn dritter Klasse fahren zu können.
Der Bayerische Wald galt als Entwicklungsland, und man erzählte sich schaurige Geschichten von den messerstechenden Waldlern, die in ihren petroleumerleuchteten Waldlerhäuschen ausschließlich von der Wilderei lebten.
Der Isarstrand war von der Maximiliansbrücke bis zur Schinderbrücke hinauf an den Sonntagen von sonnenhungrigen Münchnern dicht belagert. Als ausgesprochener Luxus galt ein Sonntagsausflug ins Familienbad Furth oder gar nach Starnberg ins Undosabad.
Am Samstagabend freute man sich auf Kurt Wilhelms »Brumml-Gschichten« mit Michl Lang, Rudolf Vogel und Barbara Gallauner. Auch der »Fleckerlteppich« und die »Glückswelle« verwöhnten in dieser Zeit den Rundfunkhörer. Fernsehen gab es überhaupt nicht, und kein harter Wildwestfilm mit John Wayne verdrängte das »Vater und Mutterspiel« der Geschlechter.
Bücher wurden gelesen und nicht nur dekorativ in den Bücherschrank gestellt.
Man hatte Zeit füreinander zu einem Plausch, und man ging gerne an lauen Sommerabenden spazieren.

Mir erscheint es heute, dass man in den fünfziger Jahren, obgleich man weit weniger besaß, noch weit mehr vom Leben hatte. Vor allen Dingen war die Zeit nicht so ungeheuer hektisch, und mir kommt es fast so vor, als habe damals eine Woche vierzehn Tage gezählt. Heute sind die Eindrücke so mannigfaltig und die Erdkugel ist auf die Größe eines Schussers zusammengeschrumpft, auf dem man bequem in wenigen Stunden von einem Erdteil in den anderen gelangen kann. Wird es irgendwann wieder einmal »goldene Jahre« geben? So wie die goldenen Zwanziger Jahre und ganz gewiss die vergoldeten Fünfziger?

Allmählich ging die Romantik der Nachkriegsjahre flöten. Den Leuten ging es wieder gut, und sie verdienten eine Menge Geld. Sie waren nicht mehr aufeinander angewiesen wie in der schlechten Zeit. Ihr Innenleben verkümmerte immer mehr, und ihre Herzen verhärteten zusehends nach jeder Gehaltsaufbesserung.

Das Fernsehzeitalter brach an! Und mit ihm der Stress und die Ellenbogenkarrieren!

Einstmals vernünftige Menschen wurden zu Arschkriechern und zu hartherzigen Managern. Ein Modewort, das sich jeder Idiot zulegte, der einen einzigen unter sich hatte. Selbst wenn es nur die Putzfrau war.

Man trank den Sekt kübelweise, und die deutschen Bundesbürger entwickelten sich allmählich zu Fettsäcken und Alkoholikern. Das Wirtschaftswunder blühte!

Und jeder wollte seinen Teil des Kuchens haben. Die ersten Depressionen griffen um sich und gaben dem Herzinfarkt und der Diabetes die Hand.

Dem Staat war das egal. Die Steuern aus der Tabak- und Alkoholindustrie füllten den Staatssäckel gehörig auf. Die Ernährung wurde der schnelllebigen Zeit angepasst. Magengeschwüre, Lungen- und Leberkarzinome waren die Resultate.

Die Ärzte hatten alle Hände voll zu tun. Auch ihnen kam das Wirtschaftswunder glänzend zustatten. Konsumzwang hieß die Parole! Die Krankenkassen erhöhten ihre Beiträge, um die ärztliche Versorgung sicherzustellen!

Je höher das Einkommen wurde, um so teurer wurden die Ver-

brauchsgegenstände. Ein ewiger Kreislauf, der von den meisten leider nicht begriffen wird.
Auch in der Kunst gab es Veränderungen. So genannte »Macher« tauchten auf, die ihre abstrusen Ideen den bundesdeutschen Wohlstandsneurotikern ohne große Mühe aufzwingen konnten. Theaterstücke standen auf den Spielplänen, die kein Mensch verstand. Man äußerte sich in feinsinnigen Tiraden darüber, vergewaltigte seinen klaren Menschenverstand, um nur ja nicht aufzufallen und um »in« zu bleiben.
Die Bundesbürger verloren in punkto Kunst allmählich ihr klares Sehvermögen und erweckten dadurch den Anschein, sich nicht nur in Konsumgütern auszukennen.
Der Startschuss für abstrakte Müßiggänger war gegeben, die unter dem Sammelbegriff »Kunst« ihre Erzeugnisse den zukünftigen Kunstkonsumenten vor ihre rätselnden Pupillen warfen. Man beklatschte eine heile Welt und wusste unterschwellig, dass sie noch nie so »unheil« war, wie sie eben zu werden begann. Die schadhafte Zeit begann noch schadhafter zu werden!
Mit der Atombombenangst im Nacken baute man zum Segen der Menschheit Atomkraftwerke auf, ohne daran zu denken, dass die Rückstände dieser segensreichen Errungenschaft eines Tages zur gigantischen Atombombe heranwachsen mussten.
Und diejenigen, die dagegen protestierten, belächelte man als weltfremde Idioten, die nur dem Fortschritt im Wege standen. Wie gesagt, der Denkapparat der Deutschen hatte gehörige Löcher bekommen. Das äußerte sich allerorts in der politischen Anschauung.
»So lange es mir gut geht, ist mir alles andere scheißegal!« Dieser Satz schwebte unsichtbar über jedem Türschild.
»Deutschland, du Land der Denker, wo hast du deinen Ver-

stand?« möchte man am liebsten Heinrich Heines Gedicht umdichten. Doch wozu? Es läse ja ohnehin niemand!
Man hält sich an die Trivialitäten der Presse und mokiert sich erbost darüber, wenn der Wagen eines Fußballstars aufgebrochen und ein echter Wolfsmantel daraus entwendet wird.
Man liest auf dem Lokus mit Gänsehaut auf dem Rücken einen Artikel über einen Mörder, der seine Frau zerstückelt hat. Oder man vergießt Tränen darüber, wenn in einem schmalzigen Fernsehfilm der Held an den Folgen seinen Heldentums sterben muss.
Wenn dagegen in einem Dokumentarfilm gezeigt wird, wie die Methoden der Kälberschlachtung bei heutigen Lohnschlächtern liegen, schaltet man den Flimmerkasten unter dem Vorwand ab, diese Grausamkeiten nicht mitansehen zu können.
Unsere Ladys und halbgaren Discomädchen kleistern sich ihre Visagen mit Make-up voll, obgleich sie alle längst wissen, dass dafür in den pharmazeutischen Labors jährlich Millionen Tiere geschunden und abgeschlachtet werden. Wir sind auf dem besten Weg zur Humanität! Und noch etwas: Wir Deutschen sind engherzig, denkfaul, profitgierig, feige und schäbig geworden. Unser einstiger Wertbegriff »Made in Germany« hängt verlaust und zerfleddert am dürren Geäst der Menschlichkeit. Wie schadhaft wird die Zeit noch werden, der wir entgegensteuern? Mir graut davor. Und meinen Kindern auch.

Zum Thema »Erinnerungen an die Nachkriegszeit«
erschien im Buchendorfer Verlag München

Herbert Graupner
Die Sache mit dem Blumenstrauß
und andere Geschichten
Ein Münchner erzählt aus den Nachkriegsjahren

Herbert Graupner, geboren 1927 in Neuhausen, erinnert sich an die Hungerjahre der Nachkriegszeit und an die Zeit danach, als sich die Menschen von der Schreckenszeit erholten: an das Leben auf Baustellen, an seine Abiturfeier, die Studienzeit, an die Begegnung mit der französischen Malerei und an den Beruf ...
Kleine und große Ereignisse der Stadtgeschichte Münchens kommen dabei nicht zu kurz, und natürlich erfährt »sein« Neuhausen besondere Beachtung.

Festeinband, 171 Seiten mit s/w Fotos
ISBN 3-937090-04-5